B'LIFE
| 書 | 式 | 生 | 活 |

唐寧書店
NING BOOKS

COMMUNE

码字人
A _ _ NG WORDS

停雲書房

先行
圖書

Sensing
bookstore

远 方
Bookstore

小众书坊
Poetic
Books

NEW
WAVE
BOOKSTORE
新浪潮书店

月
龟貔波
Moonlibrary
图书馆乡创综合体

M.I.Bookstore
众创书局

悦读书房
JOY OF READING

遇见理想
遇見書店
MEETBOOK

想 书 坊
THINKING HOUSE

在这个书的小世界里，我享受坐拥书城的快乐

書見

The Bookseller's
Point of View

30 位持灯者书店之约

雅倩　孙谦 / 主编

金城出版社
GOLD WALL PRESS
·北京·

图书在版编目（CIP）数据

书见.第二季，30位持灯者书店之约/雅倩，孙谦主编 .-
北京：金城出版社有限公司，2020.6
ISBN 978-7-5155-2006-3

Ⅰ.①书… Ⅱ.①雅…②孙… Ⅲ.①书店－介绍－中国
Ⅳ.① G239.23

中国版本图书馆 CIP 数据核字（2020）第 059146 号

书见．第二季：30位持灯者书店之约

作　者	雅　倩　孙　谦
策划编辑	丁　鹏
责任编辑	雷燕青
责任校对	郝俊伟
责任印制	李仕杰
开　本	880 毫米 ×1230 毫米　1/32
印　张	10.25
字　数	200 千字
版　次	2020 年 6 月第 1 版
印　次	2020 年 6 月第 1 次印刷
印　刷	鑫艺佳利（天津）印刷有限公司
书　号	ISBN 978-7-5155-2006-3
定　价	59.80 元

出版发行	**金城出版社有限公司**　北京市朝阳区利泽东二路 3 号　100102
发 行 部	(010) 84254364
编 辑 部	(010) 84250838
总 编 室	(010) 64228516
网　址	http://www.jccb.com.cn
电子邮箱	jinchengchuban@163.com
法律顾问	北京市安理律师事务所　（电话）18911105819

在喧嚣世界中点燃迷人的书香，在文化厚土中开辟一片乐土，让优雅和文化的质感奏响 24 小时的旋律。

十点书店
SHIDIAN READING

让日常生活富有美感

佛山先行书店

Sensing
bookstore

与书为友，不孤独的人生旅途

离河書店

LiHe
Bookstore

这座城市有 800 万个故事，你和我的会在离河书店发生

一家书店就是一座城市，人们日臻完善的精神自我居住其中

刀｜鋒

书 酒 馆

Books | Drinks | Foods | Lives

好书与好酒，有趣的灵魂借此相遇

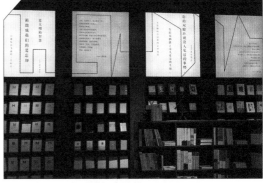

长沙止间书店

止间
zhijian

一个有风度、有温度、有态度的书店

换酒书店
wine bookstore

晴耕雨读，书能换酒

北京佳作书局

PARAGON
佳作書局
BOOK
GALLERY

佳作书局致力于中外艺术史图书的引介、翻译以及出版

南昌拾得书屋

拾得书屋，传承书香

拾得书屋，传承书香

扬州器日书坊

器 日 書 坊
我只是一间小书店

广州唐宁书店

唐寧書店
TANGNING BOOKS

以阅读喂养人文，以创意滋养生活

上海远方书屋

远方

Bookstore

一个喧嚣城市中的孤岛

珠海停云书房

推行美好阅读，分享闪光思想，馈集与探寻文艺与生活之美

想 书 坊
THINKING HOUSE

一盏灯，一本书，一群朋友，一种温暖

北京小众书坊

小众书坊
Poetic
Books

匠心出版，诗意生活

电影主题书店，一个小而精的文化窗口，连接古城百姓的日常生活

书店，城市的一双眼睛；看世界，见自己

岳阳書門書屋

書門書屋

有生活的书店，有智慧的生活

藍月亮書店
BLUE MOON BOOK

蓝月亮，一间有温度的书店

夜微凉，灯微熏，繁华散尽，书店依旧在

序一 经营书店，是情怀，也是商业

蒋晞亮　北京开卷信息技术有限公司董事长

　　读书似乎是很多人热衷的话题，但书店的事，却从来不是一个大多数人关心的事情。只有在互联网兴起之后，书店生死好像成了部分媒体关注的角度，实体书店却在网络书店大打折扣战的惨烈中，面临难以为继的尴尬。

　　2011年是网络时代以来书店业较为黯淡的一年。那年春天，因为感受到实体书店经营艰难的压力，我专程跑了全国七八个省几十家民营书店，跟书店店主们面对面沟通，听听这些早期书店经营者面对互联网冲击的应对之策。两个月下来，感觉书店从业者大多情绪低落而悲观，在之后的几个月里，业内知名的风入松书店、光合作用连锁书店相继关门歇业，接着更多的书店也倒下了。那些勉力支撑的书店在经营不断萎缩、房租不断上涨的压力下，苦苦思索着生存之道、脱困之法。

　　但同时，最近几年再次风起云涌的书店开业大潮也发端于2011年。当下亚洲名声响亮的新一代书店，日本的茑屋书店和中国的方所书店都在 2011 年年底以"新文化生活方式"的概念，分别在东京（代官山店）和广州（太古里）开出自己的第一家店。之后的几年，当新零售模式被广泛提及时，大家才蓦然发现，以重颜值的装修设计为突破，以图书和各种生活业态的组合为链接，为读者提供城市阅读和文化生活体验的新一代书店，正是发端于最艰难的 2011 年。

这几年，我们可以很明显地感受到开新书店的热潮，几乎每个月都有新的书店品牌出现，20 世纪 90 年代出现过类似的事件，现在各城市地标性的学术书店大多是那个年代开立的，而这次的开店潮似乎更为壮观。老牌的民营书店加速开分店，最激进的书店在三年里开设了超过 250 家分店，资本也开始关注到这个领域，各地政府对实体书店的扶持政策和补助资金为这股风潮又添了一把火……问题是，实体书店真的找到可持续发展的商业模式了吗？

说书店已经走出困境，肯定为时尚早，至少从目前新业态书店的经营数据看，还有很长的路要探索。但我确信，传统意义上的书店已经没有多少生存下去的可能性了，其实不仅仅是传统意义的书店，绝大多数传统的实体书店，在互联网更加便捷的选购体验和更便宜的价格压力下，已经丧失了商业本源——"消费者不得不去现场购买的理由"，从而面临着被动转型的考验。书店因为最先受到网络冲击的影响（回顾中外的网络销售都是最先从图书开始），被迫做出改变，也是颇耐人寻味的结果。

开书店从来都不是赚大钱的商业形态，书店经营者基本都是一群对书痴迷的有情怀的人，只是无论多么有情怀的事情，都得保证先活下去，只有好好地活下去，这份情怀才能体现出最终的价值。在互联网时代已经飞速发展的今天，我们必须改变书店运营的思维逻辑，必须有让读者重新走进书店的吸引力，并且愿意为此付费，这样的书店才更有价值。

很多人都说，很难想象一个没有书店的城市。这种发自内心的文化需求，可能正是未来书店能够长期存在的理由。人们摆脱了物资的短缺之后，文化需求必然成为下一个勃发的刚需，而书店也许恰好是最佳的承载产品。只是，书店的形态可能未必是文化人理想中的那个传统意义上的书店了。我觉得，只要是以阅读为主导的店面，都是书店。

过去的几年，我一直在想象未来书店的样子，我看到书店经营者持续不断的探索新的商业和服务模式，努力通过为读者提供更有价值的阅读和相关服务，提升书店的经营水平，我相信未来书店应该会比我们想象得更好。

书店十年

曾　锋　凤凰传媒苏州凤凰投资管理有限公司执行董事　总经理

　　南昌拾得书屋的杨兆在 2010 年选定做库存书店的方向，此前他在青苑书店负责进货。杨兆写道："书来来去去，人走走停停，时间逝去，像水一样平淡。"十年前的书店业发生了什么，我们还有印象吗？

　　2010 年，全国性的全民阅读活动进入了第 6 个年头，此后每年 4 月 23 日的世界读书日，实体书店也加入进来，而在此之前，这只是图书馆界比较关注的一个年度活动。

　　十年前，实体书店遭遇的"寒冬期"似乎犹在眼前，这几年来，实体书店又恢复了活力。在国家政策的引导和扶持之下，各种新型书店层出不穷，想开书店不再是很难的事。各种内容和形式的书店评选，可以直观感受到市场的活跃以及媒体的关注。

　　十年间，西西弗书店和言几又书店抓住了中国购物中心大发展的机遇，不断布下自己的棋子，几乎成为购物中心书店的代名词。台湾诚品书店进入大陆，坐落于苏州工业园区金鸡湖畔的旗舰店于 2015 年年末开业。新华书店度过了自己 80 周岁的生日，从实体店面到网络电商，从教材教辅到政企团供，创新和作为有目共睹。实体书店的发展速度和质量达到了前所未有的高度，品牌和数量在全世界也已经是领先的。但书店数量的增长并不完全意味着质量的提升，实体书店在这十年中是否找到了真正适合自己的经营内容和商业模式？在研究了众多中国大陆实体书店的案例之后，我也不断自问：这是不是就代表着书店的未来，这是不是就是未来的书店？

2018 年，日本茑屋书店在图书和杂志上的业务收入为 1330 亿日元（约 79 亿人民币），约占到日本市场的 10%，这还只是它收入的一部分而已。茑屋的出版物销售收入已是纪伊国屋书店的两倍，而且保持着很好的发展态势。中国游客去日本，诸如东京的代官山 T-SIT 已成为打卡地。茑屋跳出了单纯开设书店的局限，更多的是围绕生活方式来营造生活空间。诚品书店目前拥有 40 多间店面，这些年诚品每开新店都能引发话题。2019 年 9 月末，诚品把书店开到了日本东京的日本桥，这是日本商业的起源之地。坚持人文、艺术、创意、生活的理念，打造文创经济全平台，努力拓展文化观光事业，诚品书店表现得游刃有余。

2020 年的春天，受新冠肺炎疫情的影响，绝大多数实体书店临时停业闭店。在停业及陆续恢复营业的时间中，实体书店的呼救声不断，反思也不断出现。这次，实体书店是否可以扛过去？过去十年的发展成果将受到真实而残酷的检验。但不管如何回忆，实体书店的复苏十年已经宣告结束。

回忆过去、审视当下，我们可以想象在下一个十年，书店业会发生什么变化？

1. 消费者还会阅读吗？

阅读的行为不会改变，这已经成为人类的基本行为之一。但怎么阅读、用什么载体阅读，也许还会发生很大变化。每年的国民阅读调查报告都会告诉我们，纸质阅读的比例在下降，而电子阅读的比例在上升，也许未来十年，还会有新的阅读载体的出现。

在交通工具上阅读纸质出版物的人越来越少，相信大家已经深有体会，而这是为数不多的公开展示阅读行为的形式之一。当消费者的时间被挤压，首先牺牲的最可能就是阅读的时间。对于大部分人而言，如果时间有富余，文化娱乐消费的首选度也会高于阅读，图像和影音的体验还是优先于文字阅读。

消费者的时间越来越宝贵，我们如何占领消费者的部分时间，从选择到使用，让他们愿意做与阅读相关的事？

2. 消费者还会买书吗？

纸质书不会消亡，消费者一定还会买书，但在哪里买书一定是多渠道、多途径的了。北京开卷的数据显示，网络书店的图书销售量已经超过了实体书店，而且正在以不可逆的趋势发展，一方是每年增幅20%以上，一方是逐年下滑几个百分点。在近期实体书店开展的自救行动中，积极尝试了各种互联网端的推广和销售方式，有一定效果，但看上去不是那么乐观。

未来的某天，消费者来到书店，他想阅读，但是并不想在实体书店买书，因为存在着很大的价格差，怎么办？这个问题，过去没有解决，未来的十年能否得到解决？某一天，实体书店的书卖不掉，但还是有人看，书店除了闭店，还有其他的选择吗？如果有，那么从现在开始就要考虑如何面对这个问题。

2020年的春天，消费者用实际行动表述了自己的观点：电影院可以不去、书店可以不逛，但菜还是要买、口罩还是要戴。图书不是生活必需品，这足以让我们书店的同行们好好清醒一下了。

3. 消费者愿意去什么样的书店？

实体书店用什么吸引消费者，空间、产品还是其他？采用情感或情怀纽带来维系，还是用打动消费者内心深处的某一点来维系？随着日本茑屋书店进入中国大陆市场，商业性质的连锁品牌书店将会受到一定的冲击，因为这正是茑屋的强项，而且茑屋拥有足够的品牌影响力和号召力。

独立书店的境遇会不会好一点？很难说。在家和办公室以外，消费者如果一定要去书店的话，肯定会选择最舒适的书店。因为图书差不多，其他的经营内容也差不多。这一轮的实体书店升级改造和转型调整，能否满足消费者对于未来空间消费的要求？可能不一定要精致，不一定要奢华，但对于经历了疫情洗礼的消费者而言，最重要的应该是安全和舒心。

4. 从消费图书到消费空间，这条路能否继续走得通？

消费者不买书了，那么来到书店的空间内还能消费什么（注意，不是做什么）？这是我一直在琢磨的问题。有些是网络可以解决的，比如购买的便利；但有些是网络不能解决的，比如亲身的体验。在日本，有类似纪伊国屋、淳久堂这样的传统连锁书店，但消费者为什么更喜欢去茑屋？是因为茑屋的书更多、业态更丰富吗？很明显不是。

日本的有邻堂书店在100年前就开始售卖图书和咖啡，文具也是书店中的标准配置。这些书店和茑屋究竟差了什么？我个人感觉还是空间所带来的各种体验感。茑屋基于消费大数据选择和配置产品，营造生活的氛围，虽然名为"生活提案"，实际还是各种产品的组合呈现，但这已经比一般书店高出一大截。茑屋选择优秀设计师合作创意店面空间，在书和咖啡之间，提供了更多生活化的消费选择，这就是茑屋的优势。茑屋希望消费者去亲身体验，到实际的店面空间去感受，喜欢它，进而产生关联消费。

对于书店人而言，书店可能是他的全部，时间、精力，还包括金钱的投入。对于消费者而言，阅读只是生活的一部分，不可能是生活的全部，更不太可能高于生活。

我们希望，不管世界如何发展变化，生活永远不会被放弃，而实体书店也仍然会存在，我们需要做的就是如何努力地让实体书店去融入生活。新的十年已经开始，虽然开局有些艰难，但我们已经在路上。

目录

（所有书店按开业时间排序）

    对于每一个书店人来说，书籍已经融入他们的生活，成为自身的一部分。我想，这大概也是为什么爱书人总会暗自羡慕那些书店主人的原因。对于我来说，曾经那段在书店工作的时光，已经变成了一段回忆。但毫无疑问，书籍之于我的意义，正是从那时开始变得与众不同。

    我想，我是幸运的，在年纪轻轻的时候，就有机会穿梭在书架间，为每一本书找到最适合的位置；有机会攀爬到高高的书架上，为每一本书拂去微尘；有机会面对高高的书墙，和整间书店里我一生也读不完的书籍，思考人生的意义。如今看来，那短暂的作为书店店员的时光，已经在无意间改变了我的人生。

2015 年，我的女儿出生了。也正是从那时起，我开始切身体会到孕育和陪伴一个生命成长的神奇。透过孩童充满好奇而又清澈的眼神，我总会思考，究竟什么才是值得我们传承给下一代人的。在可预见的未来，纸质书籍也许会慢慢被更多电子出版物所取代，但传播载体的改变并不会改变文字本身所代表的意义。

书籍作为知识的载体而存在，书店因此作为这些精神财富的集合体而被人们所热爱着。即使在未来，书店本身作为一种业态，也许会逐渐消失。但此时此刻，至少在我们所生活的时代中，书店仍旧拥有其存在的价值。

《书见》第二季，延续了第一季的主题。在这一季里，你依然可以读到 30 家书店背后的真实故事。每一位持灯人的文字，虽然风格不同，表达迥异，但都饱含着对于书店的深情。

能够在《书见》出版一年之际，再度完成《书见》第二季，要感谢每一家参与组稿的书店的支持，感谢孙谦和书萌团队，感谢我的责任编辑雷燕青，感谢金城出版社有限公司，以及所有在组稿过程中给予我帮助的朋友们。

期待在我们的共同努力之下，《书见》系列会有更多作品和读者朋友们见面。

① 文字无声，光影留形，总有一种方式呈现故事

范 饭
哈尔滨众创书局总监 / 口述　恩　多 / 整理

　　坐落于哈尔滨西新区的众创书局是一家大型的复合式书店，上下两层，占地面积 1600 平方米左右，有独立雅致的阅读空间，约 10 万册图书摆放在一排排镂空书架上，错落有致。温暖的午后，柔软的日光，透过明亮宽敞的落地窗照射进来，一群热爱阅读的人坐在舒适的座椅上，手中捧着书籍汲取着知识的养分，体会着阅读之美、纸质之美，这正是我梦想中的书店的样子。

　　在我的整个学生时代，是一个物质相对贫乏的年代，并不像现在拥有各种各样的娱乐设备，当年所有的闲暇时光都泡在了图书馆和书店里。所以真的可以说，我们就是成长在书店里的一代人。通过读书，我看到了更广阔的世界。因此，我们这一代人对于实体书店和纸质书都有着一种特殊的情结。

但是，如今却是一个快节奏的社会，快餐文化应运而生，充斥着人们的生活，三分钟翻完一本书、五分钟快进一部电影已屡见不鲜。很多人不愿意静静地坐下来看完一本纸质的书籍，其实这是一件非常令人痛心的事情。书中的每一句话都有其存在的必然性，可是当他们被狠狠地压缩为几分钟的简单口述之后还能剩下什么呢？书，还是要亲自阅读。

大学毕业后，我曾就职于国企，虽然生活稳定，工作安稳，但总有一些不足之处，很多时候一些想法、做法在实践时遇到很大的阻力和困难。这时，众创书局的投资方找到我，和我探讨他构想中的书店，我被他的思路和理念所吸引，进行了书店选址的实地考察。明亮的落地窗，宽敞的阅读空间，深深地吸引了我。我觉得在一个周围大学城林立的新区，我们应该为年轻人打造一个可以肆意阅读的场所。

书店共分为两层，6层800平方米左右，7—9层全部打通，打造了一个巨型的书塔，读者可以沿着书塔的楼梯旋转而上，不断向上寻找自己想要阅读的书籍。通过这样一个巨型建筑，我们想告诉读者读书的不同境界，就像王国维先生在《人间词话》中所写的那样："古今之成大事业、大学问者，必经过三种境界：'昨夜西风凋碧树，独上高楼，望尽天涯路'，此第一境也。'衣带渐宽终不悔，为伊消得人憔悴'，此第二境也。'众里寻他千百度，蓦然回首，那人却在灯火阑珊处'，此第三境也。"读书如攀登，在登顶时那种"会当凌绝顶，一览众山小"的豁然开朗便会扑面而来。因此，我们期待读者拥有高层次、有深度的阅读。

其实，开一家书店需要很大的勇气，除却大环境下的不利因素外，对于书店经营者的自身也有着很高的要求，从图书的选品到图书的上架，其中经历的艰辛大概只有书店自己人才会知道，才能体会。

众创书局的藏书大概超过10万册，每一本书都经过精挑细选。在选书的过程中，我们常与许多行业内的前辈共同探讨，希望选择的书和书单可以给读者一份满意的答卷，也希望在这个过程中不断地完善和修正自己。另外，针对单纯读书可能满足不了读者的阅读体验这一痛点，我们也融合了咖啡茶饮这一业态，希望可以给读者更好的阅读享受。

在书店内，我们经常会举办"民谣与诗""音乐空间"等活动，满足年轻人的多样需求，希望在这个浮躁的社会，人们可以通过一首诗和一首歌来沉淀自己。至于嘉宾，我们邀请的不是那种知名的诗人，而是拥有着诗意情怀和编织着诗人梦想的普通人，他们可能是学生、普通上班族、退休的老教授，他们平凡却不平庸，因为他们于平凡人之中做着不平凡的事情，他们的作品可能不是那么的成熟，但所表达都是最真实的情感。我们期待他们在书店为其提供的有限舞台上，演绎出无限的可能。

作为书影业态相结合的书店，正如我们的宣传语所说：文字无声，光影留形，总有一种方式呈现故事。希望书与影的结合，可以满足书迷和影迷们的双重需求。徜徉在书与影的世界里，这里将是读者们最自由的栖息地。《查令十字街84号》的美丽邂逅，不仅有文艺男女，更有广阔天地。《午夜巴黎》的莎士比亚书店里，相遇的不只是文艺巨匠，还有智慧的碰撞与灵魂的激荡。电影可以将书籍中的内容更加直观立体地呈现出来，而书籍则可以使电影的情节变得更加丰满和充实。二者的完美结合可以令读者更加透彻地领悟个中情节。希望通过这样的一个书与影的完美结合，可以重新唤起读者对纸质阅读的热爱。

我们还在书店里发起公益二手书的活动，只要众创书局还在一天，就会将这个项目坚持下去，我们向读者征集二手书，在书店的固定位置，对这些书籍进行陈列。所有的读者都可以来店里免费阅读这些书籍，我们也跟相关公益组织取得联系，将一些书籍送到更需要它们的人手里。希望更多的读者和我们一起成为爱心背包客，将这份爱心传递下去。此外，众创书局还联动出版社和图书发行方，将一些知名度不是很高、却传递着积极的社会意义、值得大家阅读的书放到众创书局二手图书区，让这些好书遇到自己的伯乐。同时，我们也联合一些图书藏家，请他们将自己的藏书和一些有故事、有历史的图书进行展示，供读者欣赏阅读。让图书不再成为蒙尘之珠，再次焕发其昔日的光彩。

在征集二手书的过程中，有两位读者很让我感动。一位是第一个为我们捐赠图书的先生，当微信推文刚刚发送完毕，书店还没有开始营业，他就打电话说要捐赠图书。寒冷的天，刺骨的风，他背着双肩包来到我们书店，捐赠了 36 本图书。当我们收到这份沉甸甸的礼物时，很激动地翻看了他带来的每一本书，这些书里有的细心地做过标注，有的夹杂着一些时光的凭证，可能是一张机票，也可能是一片枯黄的落叶。透过他捐赠的图书，我们仿佛参与到他的生活里，了解了他的点滴过往。每一本书都保存得非常好，品质也非常好，可以看出他是一个真正的爱书之人。后续，他又多次来到我们书店，陆陆续续捐赠了一些书，大概有 100 本图书，令我们非常感动。

还有一位读者，她是一位妈妈，通过微信相识，但是并没有见过面。她从朋友圈里看到我们的征集活动，给我们打电话咨询捐赠事宜。记得那天的风特别大，在书店还未开始营业的时候，她就带着孩子赶过来了。围着周边转了好几圈没有找到入口，我们在电话里不停地为她指路，通过话筒依稀可以听到狂风怒吼，还有宝宝说风好大的声音，但是这位妈妈依然坚持要把书捐赠给我们。书店开门时，我们看到了被大风吹得脸颊通红的妈妈和双眼含泪的小宝贝，很心疼。即便如此，这位妈妈还在善解人意地对工作人员说：不要紧，没关系。

这样的小故事不胜枚举，令人感动。他们的捐赠令这个寒冷的冬天变得更加温暖，使文化的传递变得更加有温度。

多年前，因为对于家乡的眷恋，我义无反顾地从北京回到了哈尔滨。在外的日子如同浮萍，虽然有房有车，但我深知那里不是我的家。回到哈尔滨时，那种因离家太远而导致的惶惶不安渐渐地平复了下去。

对于众创书局，我见证了它从无到有，从前期策划到实施运营都参与其中。对于众创书局，我已经不单单把它当成一份工作，更把这里当成了家，一个我看着成长的地方，一个灵魂可以得到寄托的地方。

虽然实体书店的经营面临着很大的挑战，但是既然开始我就不会轻言放弃，众创书局的成长是一个漫长的过程，中间或许会出现很多的问题，但是作为一家刚刚成立不久的书店，我愿意陪伴着它一点一点地修正，前路漫漫，但我们还年轻。

　　经营一家书店就如同读一本书，开始时可能晦涩难懂，但终有守得云开见日出的那一天。希望众创书局的出现，可以使我的家乡——哈尔滨——这座城市的文化氛围变得更加浓郁，使每一个哈尔滨人都热爱阅读，希望它可以给这座城市带来更多的惊喜和更多的未知。

　🕐　开业时间：2018 年 12 月 20 日

　🛉　地　　　址：黑龙江省哈尔滨市南岗区哈西中兴左街 2 号

　　　　　　　　　金爵万象商业广场 6—7 层众创书局

　👤　公 众 号：众创书局

　💬　微 信 号：ML_bookstore

　💡　书店格言：文字无声，光影留形，总有一种方式呈现故事

开书店，
是为了和你们见面

| Haru
| 厦门十点书店内容主编

　　厦门的冬天习惯性地姗姗来迟，12 月中旬，终于让我们在清晨和深夜说的话语，挂上了清冷的露珠气息。摸摸鼻头，手指头一凉，晚上十点多的街头，夜色雾笼，行人寥寥，让人想小跑进入任何一个流淌着暖调灯光的地方。这就是厦门的冬天，虽然收敛了一些想往外浪的躁动，却一点儿都不可惜，因为我们可以顺理成章地做一些轻缓缓、暖洋洋、懒散散的事情了。

　　比如，扭亮一盏灯，淌出一段音乐，裹着牛奶味的羊绒毯子，让自己陷进沙发里，投入地阅读一本书，直至困意连绵，依旧对这样美好的时光意兴阑珊。

　　或者，在一个太阳如同橙子的日子，拎出没了精神很久的被子，在阳光里舒展开来，我们半个身子躲在被子的阴影里，半个身子浸在阳光里，捧读一本书，倦了就盖住脸，小睡一会儿，醒来不知是何年。

好像能够想象到的关于冬天向往的场景，始终离不开"暖暖的光""慵懒的窝""放松的心情"，以及捧读的那本"书"。

古人云："春诵，夏弦，秋学礼，冬读书。"12月令人贪响的阳光和慵懒，显然是最适合读书的冬月了。于是在12月的厦门，我们做了一件十分契合这座城市气质的事情，把十点书店正式开业的日子定在了这个冬日——12月14日，将十点书店的光与柔，坦率地融入这座城市美妙的情绪里。

如果你对这句"深夜十点，陪你读书，晚上好，欢迎来到十点读书"有记忆的话，那你就是我们在书店里遇到就会热泪盈眶的人。六年了，十点读书用文字和声音，陪伴了无数人的无数个夜晚，不知不觉，直至今日，我们已经拥有了2600万的读者。

我们没有见过你，但无数次想象过你的模样。即便隔着屏幕，却一直用文字交换悲喜，所以不愿意相识多年，仍旧认不出你的脸庞。倘若要问我们为什么要做十点书店，答案很简单，就是为了与你们见面。

十点书店坐落在厦门华润万象城里，离火车站很近，人群熙熙攘攘。我们想，这里面肯定有很多个"2600万分之一"，如果你来自远方，来看我们一眼，也会更方便一点。当然，如果你没有机会来厦门的话也没有关系，因为你所在的城市，一定是十点书店会到的目的地。

如果你是十点读书的读者，肯定能一眼认出十点书店来。

暖黄的灯光蔓延在书店的每个角落，咖啡的香气洒落在每个满满的书架，连书看起来都有了慵懒的眉眼。空间整体以木色为主，有些区域会插入一些舒净的蓝，如果要用声音来形容这种感觉的话，一定是木吉他在充满阳光的冬季的早晨弹奏出的民谣，清冽而温暖。

毋庸置疑，和你在线上十点读书所感知到的我们是一样的，只是更清晰了一些，更真实了一些，一眼就能生出亲近的暖意。

开业日，我早早来到书店，站在店门口，倚着栏杆，想象着即将到来的顾客会是什么样子。两个女孩闯入了我的视线，她们在拐角处探头，抬眼望到十点书店的 LOGO，伴着其中一个女孩"没错，就是这里，找到啦！"的声音，两人雀跃地一路碎步小跑冲进店里，像怕惊扰了什么一般，带着一种小心翼翼的喜悦。

我知道，她们一定是我们的读者，慕名而来，大概如同见网友的心情一般。当她们走入前厅，拿起装置好的话筒，我想那句熟悉的"深夜十点，陪你读书，晚上好，欢迎来到十点读书"，一定是我们与她们不发一言便能认出彼此的暗号。

人渐渐多了起来，我在店内巡游，耳朵如同被拉起天线般，四处话语流向我的耳际。

"十点读书开的店，我有关注，真的很了不起，做公众号的竟然开起了书店。"

"在书店里看到这么多的人在读书，感觉好欣慰啊！"

"这就是你说的那家很特别的书店吗？"

......

每一句话，仿佛都是公众号后台的留言由文字变成剧本，被拍成了戏一般，奇妙极了。

我猜，你们一定也会喜欢我们的咖啡区——中央吧台，四周放眼都是书架，咖啡的香气溢满所有的书籍。

在咖啡吧台上，有人在看书，有人在一脸认真地敲键盘，也有我们的咖啡师之前的老顾客，不离不弃地追随着他们手中的味道。

我们有一位咖啡师，平常话不多，不苟言笑，但神奇的是，一站在吧台内，就变得爱笑起来，举手投足都那么神采飞扬。还有一位咖啡师，在书店筹备阶段，经常纠结一些小细节，导致大家纷纷抓狂，等到开业后，才发现她所有的坚持都是值得的。如果你在吧台喝咖啡，可以问下那排超好看的罐子是做什么用的，我们的咖啡师会很骄傲地告诉你，那是我们的冰滴咖啡，宇宙无敌。

当然，你停留时间最多的，肯定是在我们的书架前。

我们为书痴狂的选书师，可是把自己关在仓库里两周不与人交流，才从20万册书中精挑细选出了2万册。选书师偷偷和我说，我在书店买的第一本书，就是他的心头爱，明知道不是热门，但觉得实在是本好书，坚持在书架上为它留了一席之处，本打算看半年左右能不能卖出去，没想到，第一天就被我买走了，欣喜良久。

如果你在我们的书架前，发现了一些奇奇怪怪的小众书，那些都是我们选书师别有用心的小安排，喜欢就带回去吧，一同被你带回去的，还有选书师暗自的窃喜。

在书与书的城池之间，你会发现穿插着几个好物陈列台。我曾问过好物选品师："为什么要到书店买好物呢？"

选品师说："我们书店的好物，不是特意来买的，而是在书店里'邂逅'的，遇见了，心动了，就带走这样一份美好，仅此便好。"我带走了一盏大台灯，因为一想到上一天的班疲惫不堪地回到家，有这样一盏暖暖的灯在等我，就治愈得不得了。

从架子上拿一本书，坐下，安静地享受一段不被人打扰的时光，你会眷恋上这种感觉。

从书店的阶梯往下走是课堂区域，如果是工作日，你会看到很多一边阅读一边喝咖啡的人。好像这里有一种魔力，即便外面的世界再喧嚣纷扰，你都能在里面平心静气，浸入书中。

周末的时候，这里就是上课的地方。十点读书线上很多优秀的导师，都会来到这里，面对面教你如何不断地成为更好的自己；还有作家或明星的读书分享会、签售会，每个周末都有意想不到的惊喜。

书店里唯一一块由澄澄的色块组成的区域，是我们的小十点区。

没有父母天生就会当父母，如同没有孩子天生就懂得如何成长。在这里，我们最想看到的场景，是父母和孩子各自找到适合自己的书，然后坐在我们的小十点区，一起阅读，陪伴进步。

小小的十点书店，不论你如何走动，都会漫步在书香和咖啡的香气里，希望这种感觉能够让你真正地愿意为一本书而停留，安静地坐下来，平静地翻开它，才是对文字真正的尊重。

每一本书都是浩瀚的宇宙，你读过的每一本书，都会成为一席流动的盛筵，被你随身携带，从你的身上变出更多的视角和触角，让这个折叠起来的世界，慢慢地在你的面前，细腻又浩瀚地舒展开来。

我们的 BOSS 人人都叫他林少，林少叫得多了，渐渐忘记了他的真名。

在初中的时候，林少最爱去的地方是新华书店，连短暂的午休时间都不放过，他爱在那里读武侠小说，一本又一本，从金庸到古龙再到黄易，最终在刀光剑影的江湖梦中，把自己的最爱名额给了黄易的《大唐双龙传》。

书里有一对同是孤儿的兄弟寇仲和徐子陵，在一无所有的时候，始终相信终有一天可以出人头地，互称彼此为"仲少"和"陵少"，果不其然，他们后来都成了了不起的人。

有些事，大概冥冥之中就埋好了伏笔。当年那个爱读武侠小说的名叫"林斌炜"的大男孩，也给自己取了个绰号——"林少"。

林少大学学的是机械专业，毕业后按部就班进了专业对口的单位，过着波澜不惊的典型理工男的生活。林少是摩羯座，性格内敛，话不多，有着摩羯座坚定而长情的毅力，偶尔会在办公室听到他略有些憨憨的笑声。林少曾经遇到不是很友好的同事，但是他从来不反驳，少说话多做事，想凭自己的努力把日子过得更有趣。

总有人问我，刚到十点的时候，是什么样的情景。我记得那时候，自己是被招聘启事上那句"工作内容就是刷豆瓣和看书"所吸引，面试，做测试题，很快便入职了。

创业初期，办公场所就在林少的家里，三居室，印象最深的是满墙满眼的书。入职第一天，我来到办公室——林少家里，发现老板有三个，员工加上我却只有两个，当时心里还是打了小鼓。不过现在回忆起来，那段时间确实是很美好的日子。

办公在客厅，有穿堂风，在炎热的夏季不开空调，都竹凉习习。到了中午，玲姐会搬起电脑，腾出桌子，玲姐的妈妈端出刚做好的饭菜，好吃得不得了。午饭后，看会儿书，再睡会儿午觉。下午，玲姐又端出水果摆在茶几上，我们吃着水果聊着天，为数不多的两名员工还可以趴在阳台上放空一会儿。那时候，恰好是幼儿园下课的时候，一群戴着小黄帽的小朋友排成长线穿越我们的视野。

很快，我们搬到第二个办公场所，然后第三个、第四个，加上北京的办公场所就更多了，员工也从当初屈指可数的两个增加到现在的两百个小伙伴。跟着林少搬了这么多次家，终于在这一次，可以在十点书店里，把我们的朋友们请到家里来做客了。

书店的小伙伴们前前后后，准备了两周，又忙活了一整天，布置场地，包装礼物，准备食物，事无巨细。

从早上的开业仪式开始，诸多的朋友前来捧场。现场五十多位嘉宾和媒体朋友，在冬日里依旧是暖洋洋的。

当晚，我们还邀请了很多作家朋友，参与我们林少攒的局——十点的朋友沙龙。各位老师妙语连珠，欢声笑语，现场笑声不断，这是真正的属于朋友们的聚会。

林少总说，我们不是因为看见而相信，而是因为相信而看见，要相信相信的力量，看到这么多大咖这么支持文化事业，我们更有信心，将书店越做越好。

　　愿我们的一切努力和诚意，都能被你们所喜欢，十点书店和你们的故事，才刚刚开始。

🕐 开业时间：2018 年 12 月 14 日

🚏 万象城店：福建省厦门市湖滨东路 99 号华润万象城 3 楼

🚏 中华城店：福建省厦门市中华城北区 B1

👤 公 众 号：十点书店

💬 微 信 号：sdibooks

💡 书店格言：让日常生活富有美感

做一家小而精的电影主题书店

③ 孙 谦
平遥新浪潮书店顾问

引 言

"不要去迷信任何人、任何事、任何机构，相信只有通过自己的努力才有可能去实现自己的目标，证明自己存在的价值。"

——《贾想》贾樟柯

2018 年，我离职创业，彼时迷茫而没有目标。每天读书的时间占去了大半，这个时候，我读到了贾樟柯的《贾想》，而这句话，一直印刻在我的脑海。也就是在这个时候，一位书业的前辈把我们团队引荐给贾樟柯导演的团队，至今让我感叹世事奇缘。

2017 年，贾樟柯导演在山西平遥创建了平遥电影宫，坐落在有着 2700 年历史的平遥古城的原柴油机厂园区。平遥电影宫是平遥国际电影展的主场馆，配套有国际一流的放映设备银幕 6 块、论坛空间、展览空间、新闻中心、贵宾沙龙，以及咖啡、餐饮、零售等多个综合空间。除了每年 10 月举办的电影展，电影宫平日对外营业，放映院线电影。贾导希望把电影宫打造成复合型的公共文化空间，把优质的文化资源带到内地县城，让游客和当地居民有一个高品质的阅读空间。

贾导要开一家小而精的电影主题书店，这个想法让我们的团队深感共鸣，也认为是一件很有意义的事情。就这样，我们以顾问的身份，与贾导的团队一起，开始着手创建平遥新浪潮电影主题书店（以下简称新浪潮书店）。

在承接新浪潮书店项目之前，我是一名书店职业经理人，身在店中，接受指令，完成任务。而新浪潮给了我一次转变的机会，让我既可以做一个看书的人来观察一家书店，又可以成为一个做书店的人去经营一间书店，实在是很奇妙的感受。

在此期间，影展团队的同事以及书萌的团队共同做了很多努力，我们也在不停地思考，如何去做一家好书店，以目前自身经验来看，大概从以下四个方面来努力：颜值力、内容力、运营力、品牌力。

何谓颜值力？建筑美、设计美、装修美、陈列美。说了太久的最美书店，我们对书店的美，早已从单纯的看上去好美，层层深入到了内外兼修的美好。书店是否能与周围的建筑融合而不突兀，像是天然存在于环境之中，让读者闲庭信步自然地被吸引进店，是第一个层次的建筑美。

新浪潮书店以电影为主题，在 2018 年第二届平遥国际电影展开幕之际同期开业，与整个园区的电影展气氛融为一体，让很多电影人为之眼前一亮。

进入书店，室内设计是否恰到好处，区域的规划、灯具的选择、灯光的色调、店面的层次有没有引人入胜，能不能激发读者探索的好奇心，引导读者走完全场，这是第二个层次的设计美。

在我们承接新浪潮书店的顾问一职之前，贾导的团队已经开始空间的规划、设计及制作。2018 年 9 月底，我和安然抵达平遥，第一次看到正在装修的新浪潮书店，新浪潮整体风格设计简约，色调温暖，木质书架颜色中性，与整体的白色背景形成一定对比，有效突出了空间内书的部分。天花板没有用常见的黑色，白色的天花板和白色的射灯，使读者将注意力更加集中到店内的产品之上。同时，店面中庭放弃常见的岛架，采用展桌进行陈列，减少了无效库存的储备，同时，也让店面整体重点更加突出。

在装修上既不极尽奢华，也不过于简陋，让图书存在于其中犹如森林中树干的枝叶，浑然天成。过于奢华的内装，或许与金银更配，过于简陋的家具，又无法承载知识的重量。这是第三个层的装修美。

新浪潮使用的是常见的木质书柜，其实并不是实木，而是采用了多层板的普通木料，接近天然木质的木色，使得店内的视觉效果温馨而有质感。这样的装修材料可以有效控制成本，也为书店后期运营减少负担。

颜值力的第四个层次，是陈列美。陈列上要有主次，畅销书、常销书重点陈列，主推品种要有丰富的存量展示，文创产品要营造生活的场景感，套用一句大家经常说的话："书店的陈列要有提案力。"

新浪潮书店在电影展期间举办签售沙龙活动，活动期间重点图书码堆展示。2018 年，电影宫团队、书萌、生活·读书·新知三联书店一起联合策划了《浪迹》一书的沙龙活动，著名影评人木卫二老师和杨时旸老师作为嘉宾参加了活动。现场，我们将二哥及杨老师的书作为背景陈列，起到了很好的宣传作用。同时，也节省了制作海报的成本。

2019 年，配合第三届平遥国际电影展印度新电影回顾展的主题策划，书店联合海南出版社举办印度学者阿希什的新书签售活动，活动开始前，我们将活动用书码堆陈列，置于店面入口处，并安排专人进行推广。

每年电影展期间，书店和电影展团队会提前沟通，了解当届策划主题、重点嘉宾等情况，并将相关的图书作为主推，以呼应影展本身。同时，走进书店，读者会以顺时针的轨迹依次与电影相关的文学作品相遇，先看到图像小说，接着逐渐进入真正的电影世界：摄影及其理论、电影专业图书，然后再扩展到电影相关的戏剧和诗歌以及艺术图书。

我们希望人们在影展期间，既是观众又是读者，在电影院内"用电影延长三倍生命"的同时，也可以在新浪潮书店里用阅读延展和丰富自己的人生。

我认为一家书店，有了建筑美、设计美、装修美、陈列美的四美，才算有了完整的颜值力，才能自信地说，这是一家有颜值的书店。

何谓内容力？选品精准，服务专业是内容力的标准。

作为主题书店，选品要够深度，也要够广度。在加入新浪潮书店项目之前，书萌团队对电影了解并不深。在项目洽谈时，我没有隐瞒，开诚布公地向贾导团队表明了我们的优势和不足，贾导团队非但没有担心，而且给予我们极大的信任和支持。

在电影展开始前，将电影展主题、内部活动的计划表，以及拟邀请嘉宾的名单都分享给了书萌，让我们有的放矢地进行选品。我们根据需求有针对性地下足功夫，安然邀请到有相关电影学术背景的伙伴加入项目。通过开卷的标准书目网以及在后浪电影学院、北京大学出版社、中国电影出版社、上海人民出版社等老师们的帮助下，我们迅速取得了国内近 20 年的电影图书的出版概况和清单，结合书店的成本预算及店内容积量（书店内可承载的图书数量）进行选品。

第一批书单出来后，我们既兴奋又忐忑，兴奋是因为我们真的做到了在规定的时间内完成了选品任务，忐忑的是不知道我们的选品方向是否符合贾导的要求。记得那是第二届平遥国际电影展开始一个月前的凌晨 3 点，我收到电影宫团队发来的邮件："Sally，贾导已经看过书单，你们的选品很专业，我们对你们的专业能力非常放心，请开始采购吧。"这封邮件，大概是我开始执行新浪潮书店项目后让我最开心的一封邮件，这意味着对书萌专业能力的认可。

但在采购上，我们遇到了难题。首先，市场上只有近三四年的新书，一些出版两三年以上的书几乎很难找到。我们的电影主题书又是极其小众的，无疑为采购增加了难度。就在这时，我们得到了博库网总经理徐冲老师的帮助，他将博库网负责采购和商务对接的同事推荐给我，并给予极大支持。对于市场上可以采到的文学、儿童、生活美学和艺术书，京东自营图书部门为我们开了绿灯，不仅给予了品种和数量上的优先保证，而且全国所有的仓库同时调货，保证了图书品种的多元性和广泛度。同时，为了提高店面整体图书的调性，我们精选了读库出版的部分图书，其中全书没有一个汉字仍可让读者落泪的《归来》，在电影节期间被一位乌克兰导演买走，还介绍他的同事买走了店里剩余的复本。

在选品上，我们尽量做到广度和深度并举；在陈列上，为了让新浪潮的内容更专业，我们划分了系统分类和陈列分类两种体系。系统分类用于进销存系统的新订和补货，陈列分类用于店面陈列及视觉展现。仅对电影图书，我们就延展了八个细分：电影通识读物、电影随笔、作者电影、电影史及理论、好莱坞范式、电影与技术、中国电影研究、电影与戏剧。

谈到服务专业，在书萌团队中，我们既有运营出身的伙伴，也有选品达人，更有陈列高手。我们结合自身的优势，为新浪潮书店量身定做了内部培训课件，并进行理论讲述和实操演练，努力将自己的所学所得分享给书店团队和同事。因为对于顾问来讲，最大的成就不是我们协助开了家书店，而是我们为书店培养出一支优秀的团队。

何谓运营力？首先，保证工期，按时开业；其次，日常经营，保障品质；第三，不断进步，迭代升级。

2018年，书萌团队四人于电影展前10天抵达平遥。10天之内，和书店团队一起完成了店内首批图书的收验货、图书分类陈列、文创美陈，以及员工的基础培训工作。最终，新浪潮书店与电影展同期开业。

在"日常经营，保障品质"方面，首先，在电影展期间，从早上第一部电影开始展映到最后一部电影散场，书店都保持正常营业，确保读者需要我们的时候，随时可以找到我们。

其次，配合电影展准备好嘉宾和相关作者的作品。得知万玛才旦老师会出席电影《气球》的映前和映后，我们邀请万玛老师为他的新书《乌金的牙齿》签名。没想到，10 月 12 号夜里，接近深夜 12 点，万玛老师执导的《气球》一散场，就有很多读者跑进书店，问我们是否有《乌金的牙齿》，几十本书瞬间一扫而空。正是因为事先做好了准备，我们才没有让读者们失望。

第三，在影展期间提供与平时不同的产品，也是品质经营的一部分。

运营力的最后是一点，是"不断进步，迭代升级"。为了让书店常变常新，在电影宫运营团队的提议下，2018 年年底，我们进行了书店的第一次扩容，增加了儿童品类的图书，一起完成了"平遥电影宫·宝宝大过猪年"的儿童阅读项目的策划。这项计划让平遥电影宫在过年期间的人流量较往年翻了三倍，书店内增加了儿童绘本、科普读物、童话故事等贴近生活的读物，人气也增添不少，而且书店的销售是平常时间的 8 倍。由于春节期间更多的人来到了书店，记住了书店，春节过后，虽然位于电影宫内部的二楼，但书店的客流量明显多了起来。

在完成了第一阶段的工作后，我们延续新浪潮书店的初心"做一家小而精的电影主题书店，将电影文化带入人们的日常生活"，开始规划 2019 年的运营方案。电影宫团队也加入了新鲜血液，来自广州的 Red 出任电影宫的商业运营总监，她在原规划书的基础上提出了新浪潮书店的升级方案：扩展电影主题图书的阅读空间、完善书店整体形象、加强展示墙面选品及陈列工作，以达引流目的、加大藏书量。

贾导一再强调，电影文化不止是中国的电影文化，也应该是世界性的。他提出无论采购预算多少，都需要预留引进版电影书籍的采购预算，电影的学术性，应该放眼全世界。

接到任务后，书萌内部迅速进行分工。我负责所有供应商的对接以及现场培训及支持，安然和其他小伙伴负责选品和陈列方案的提交。

在近三个月的准备期内，我们完成了近 4000 种、7000 册图书的选品、采购、分类及陈列方案的提交。其中包含近 400 种、1000 册左右的繁体和英文原版电影书，并且找到适合作为阅读区读书的二手电影书，让阅读区的电影书种类更丰富、成本更可控。同时，二手图书不受出版年限的制约，我们通过书萌自身的资源，采购到一批绝版的电影图书，在电影展期间得到了许多电影人的好评。

书店此次升级之后，电影书品种由 2018 年的不到 1000 种增加到 2019 年的近 3000 种。

何谓品牌力？我认为，有识别度，有美誉度，有地标性就是书店的品牌力。

关于识别度，如之前写到，2018 年新浪潮还不叫新浪潮，那时我们称呼她为"平遥电影宫书店"，贾导和影展团队希望书店有一个新的品牌，为此，我们一起开了讨论会。2018年影展主题有一个回顾致敬单元是向苏联新浪潮电影致敬，而且在世界电影史上，数次"新浪潮"电影运动将电影艺术一次次推向了新高度。于是，在贾导的首肯下，平遥电影宫书店正式更名为平遥新浪潮书店。新浪潮书店致力成为一个小而精的"新浪潮"文化窗口，一个具备新鲜、活力、力量，同时有高度、有品格的公共空间，借由高品质书籍的推荐、精品文化沙龙的举办，让电影文化进入县城百姓的日常生活。

关于美誉度，我想一个专业书店可以得到业内人士的认可，应该就是对她最高的嘉奖。

2018年，配合第二届电影展的回顾展主题，精选部分苏联电影主题的图书，记得林旭东老师第一年看到书店时，兴奋地说："平遥电影展多了一个好去处。"

2019年，配合第三届电影展的回顾展主题，不仅采购了印度电影的专题图书，还与海南出版社一起策划了一场专题为《印度电影简史》的签售活动。青年导师谢飞老师携夫人参观书店时，留下一句话："电影展就应该是有文化气氛的展览。"

新浪潮书店得到的认可，远远不止这些。因为有了免费的阅读区，很多评委和电影人都说书店好温暖；因为将藏书量翻番，很多电影的爱好者和从业者都不远千里来淘书，展后发快递都发了几十箱；因为提供与作者面对面对话的机会，新浪潮书店真的呼应了第三届电影展的主题"大家和大家"，我们都在一个小星球之上。

关于地标性，作为平遥古城乃至整个山西省，新浪潮书店已经成为电影主题书店的代名词。电影展期间，每天都有全国各地的电影爱好者到店选购，而平日，几乎每周都有从太原或者周边来的读者到店选书、淘书。

我们不敢说新浪潮书店很完美，她毕竟只有一岁多，在活动的丰富度以及线上读者互动和书店管理系统等方面都亟待提升，但若仅以新浪潮书店自身做一个同比来讲，她已经非常成功。她是一个自己成长起来的书店，一步一步进化、成长、提升，越变越好。

新浪潮书店，我期待你不断给我惊喜。

🕐　开业时间：2018 年 10 月 11 日

🪧　平　遥　店：山西省晋中市平遥县古城西大街 153 号平遥电影官内

🪧　汾　阳　店：山西省汾阳市贾家庄工业文化创意园内种子影院一楼

👤　公　众　号：平遥国际电影展

💬　微　信　号：PINGYAOIFF

💡　书店格言：电影主题书店，一个小而精的文化窗口，连接古城

　　　　　　　百姓的日常生活

④ 第三个本命年, 我开了一家电影诗歌书店

苏 皖

北京码字人书店创始人

从春到夏,从夏到秋,不知不觉,我已经在北京远东仪表的老厂房里度过了一段光阴,有了新的故事。还记得第一次来到这里,大草坪还是一片枯黄,雀跃的种子却已悄然孕育。隔了两周再来,草坪上已泛起了一层绒绒的小紫花,爬山虎的枯藤上也冒出了一片片嫩嫩的小绿叶。

现在想来,也许那小紫花、小绿叶就是我在三个月后最终下定决心在这里开书店的原因,在这个尚8文化和远东仪表合作改造的新园区里,有蓬勃的生命在往上蹿,迫不及待要破土而出,就像一家新的书店。

有很多人问"开书店是否是我一直以来的理想",一开始我也以为是。但在 2018 年 5 月到 2019 年 9 月的漫长筹备中，我才一点一点地搞明白，开书店不是我人生的理想，它是我人生的疑问。

我究竟是个怎样的人？我喜欢的到底是什么？

我迷恋的是美好本身，还是情怀那虚荣的光环？

我的耐心、专心、恒心有多少？我可以努力到哪里？

当所有难以割舍的选项都摆在面前，到底什么才是我最重要的？

我以为的"对"就是"对"吗？我不齿的"错"难道就全"错"了吗？

我到底在追求什么？！

这些问题在开书店的过程中一一摊开，它们那样直白，让我不能躲闪。

刚辞职的时候，我像笼中鸟重回自然般喜滋滋地走访各地书店，以采访为名行刺探之实，问些浮皮潦草的问题，侃着不切实际的大梦。

一家叫"梅菲斯特"的书店震醒了我，那满坑满谷的严肃著作让我第一次对书店产生敬畏感。我在这里买到了印着"黄友逢藏书"章的一套英文原版莎士比亚，里面夹了张新年贺卡，签名日期为 1925 年。

一家叫"诗集·开闭开"的书店吸引我真正进入现代诗歌的乐园，我从拒绝看翻译诗到惊叹石厉老师对狄金森从文本到文风的准确翻译，从而遁入比对不同译者语气微妙差异的乐此不疲中。

如果说"梅菲斯特"教给我，只有书才是一个书店最重要的；那么"诗集·开闭开"则将我从商业丛林引回文学之路。

从一个中文系女孩到杂志编辑，到公关公司总监再到互联网咖啡高管，我仿佛已忘记自己年少时曾许下要成为一名记者的愿望。十年之后，重拾写作，我才发现自己依然可以在码字中得到如此多的快乐。

愈夜思愈深，
复求言复真。
笔落惊手冷，
帘动见月沉。

——2017.11.7 立冬·夜·码字

这是书店名字最重要的一个由来，一个"码字人"为"码字人"们开的书店，也是书店 LOGO 图案"马赛克组成的星空月夜"的创意来源之一。

码字人书店，一楼是电影、戏剧、文学和诗歌四大类主题书，基本涵盖了文字创作者所有理想的创作形式。小平台上的那面蓝色书架被我称为"影的书墙"，右侧装满诗集的书架床灵感来源于日本有名的书店 BNB 模式，我叫它"诗的温床"，这两处几乎成为书店里最吸睛的拍照打卡点。

现在有点后悔把书店的环境弄得过于漂亮，因为我发现书店的颜值往往会分散人们对书籍本身的关注。

如果说我在关乎书店颜值的设计装修的时间投入是三个月的话，那么我在淘书、囤书中耗费的时间投入则是之前一年，并且在那之前我还用了半年的时间来思考：在当下，我们到底需要怎样的书店?

　　周五诗歌之夜的"廖伟棠时光慢游读诗会"文本，选自其自选诗集《春盏》，四川文艺出版社 2016 年 6 月版，开篇第一首便是著名的《一九二七年春，帕斯捷尔纳克致茨维塔耶娃》："大雪落在 / 我锈迹斑斑的气管和肺叶上 / 说吧：今夜，我的嗓音是一列被截停的火车 / 你的名字是俄罗斯漫长的国境线。"

　　我们读了帕斯捷尔纳克和茨维塔耶娃，这两位俄罗斯白银时代的著名诗人，并感知伟大的榜样泽被后世的力量，而在那之前，我对俄罗斯诗歌是没有什么兴趣的。

　　有一种好书可能不是答案，而是一把钥匙，可以帮你打开新世界的大门。而我，便要开一家挂满那些奇妙钥匙的好书店。

　　从照片上看，码字人书店稍显局促，尤其是一楼，书架和桌椅几乎将它全部填满，我在整个书店里塞进了将近 40 套桌椅。每一套桌椅我都亲自试坐过，看书、码字舒服才放进书店，大小高矮不一是希望可以让不同身材的人都可以找到一个足够舒服的位置。我自己的视力不好，所以对光线的要求略微挑剔，宁可远超预算两倍，还是咬着牙全部使用了更柔和的光源投射到书架和桌面上。

　　我做这一切，只是为了让你在书店里坐下来，更多地阅读，而不是买了就走。我甚至认为，书店里并不是所有的书都值得你购买，你可能只需要翻看一遍，便再也不会翻开它。这些书，我希望你可以在码字人书店里看完，然后当你把它放回书架上时，这本书才真正属于你，而不是买回家却再也没有打开过。

有一种好书，不是你书架里的装饰，而是一块踩在脚下的台阶，可以帮你向上再走一步。而我，便要开一家铺满这些结实台阶的好书店。

当然，还有一种好书，你每次看都会有新的体会和发现，这种书会摆在最好的位置，我既希望你看完，也希望你赶快买走，它值得你一看再看。我会努力，让码字人书店里这种书再多一些。

有人会认为，专门去书店里读书，太有仪式感了，而拥有良好阅读习惯的人，即使在匆忙出门前都会记得抓起一本书塞在裤兜或包里，等车或坐地铁的时候看。阅读无处不在，那么书店还能做些什么呢？

实体空间对抗虚拟世界无可比拟的优势，当然是现场鲜活的真实的全方位的感官体验。我理想的书店必须要有阁楼，二楼有着同样多的书，空间自成一体，正是举办文化沙龙或者放映电影的绝佳场所，鲜活的真人思想（而非 AI）在这里碰撞，所谓"和无聊的人吃饭不如听有趣的人扯淡"——引自小马宋。

若是人太多，也可以转战一楼，将带轮子的活动书架推到两边，小平台上的阅读空间瞬间变身小舞台，背景则是一路伸展到天花板的蓝色书架，观众席背面是窗外疯长的绿油油的小树苗，和楼梯下的绿芭蕉相映成趣。

所以，在码字人书店，买书不是最重要的，看书比买书更重要；和看书同样重要的，是和有趣的思想交谈。

书店是一个鲜活的文化现场，这个观点来自我对上海吾同书局创办人、同济教授王国伟老师的采访。我深以为然。

码字人书店在 2018 年 9 月 21 日的开业活动——"旧时光里的新世界"——"读我"联展入选了 2019 年的北京国际设计周设计之旅，这不是我第一次举办类似活动，在正式进驻尚 8 远东科技文化园之前，我已在园区的公共空间举办了三次"快闪"书店活动。从 4 月到 6 月，每月一期主题，以每期半天或者一天的频率进行，直到房子签约开始设计装修活动才暂停。

　　还记得第一次的"快闪"，非常热闹，我精心挑选了 500 本左右的主题书带到空荡荡的活动现场，它们可能来自上海，也许来自香港，都是我在一年多的时间走访各地书店淘来的。我用两个小时把它们相互关联地码上书架，并重新调整了现场座位，以便简单划分出集市区、阅读区和沙龙区，就像一个真正的书店。"快闪"持续了 7 小时，收摊时恋恋不舍但却幸福满溢。

　　因为第一次的成功，第二次"快闪"的时长便增加到两个下午，共 14 小时，难度也加大了，除了集市、阅读、沙龙、电影放映等常规项目之外，还增加了自己当时仍不太擅长的展览部分。谁知本以为精彩纷呈的活动却偏偏遇冷，参与的人数还不到第一次的一半，而书店的命运仍处于前途未卜之中。

　　筹谋一年多，书店还没开成，我却先模拟了每个曲高和寡的理想都会面临的现实生存困境。开书店就是这样，每当你沾沾自喜时，它就会跳出来用各种方法反复拷问，你到底是个怎样的人？你到底有多想做这件事？我用"快闪"的方法，让自己提前体会书店从生到死的过程，但当它来得那么真切、那么突然的一刻，你仍会觉得自己的心被击穿。

　　这时，是书救了我。我翻开最喜欢的诗集《恶之花》，"理想"

一篇赫然纸上：

> 这些苍白的玫瑰
> 没有一朵是我理想中的花
> 我这颗渴望的心深似渊谷
> 恰似麦克白夫人那颗罪恶的凶魂
> ……

我扪心自问，应该随波逐流还是坚持自我？"理想"说：这世间从来不缺苍白的玫瑰，且让我任性地选择自己喜欢的花园，即使那是一个永远无人问津的角落。

第三次"快闪"之后，在一个艳阳天，我签下了租房协议，书店终于有了一个安稳的窝，可以不再"快闪"了。我想这是"开书店"这件事对我"做自己"的回答。

开店后，"快闪"更名为"读我"。阅读代表思考，它并不局限于纸面，而是涵盖文化艺术的各种形式。我认为有灵魂的书店除了精心的选书之外，同样具有引导阅读和思考的责任。将阅读、电影、戏剧、艺术、音乐、生活方式等所有文化艺术形式用同一个主题串联起来，在同一个时间段整体推出，比单打独斗的力量要大得多。码字人书店计划将"读我"系列办下去，每月一期主题。

人生的第三个本命年，我非常幸运。如果没有庄仔和薛姐两位前辈对我开书店这件事的无条件力挺，如果没有每一位前领导、前老板、前同事、前同行、前伙伴，以及老师、同学、朋友、闺蜜、哥们的无私相助；如果没有之前采访过的上海吾同书局、苏州坐忘书房、北京小众书坊的榜样力量；如果没有上海愚人书市小伙伴的幕后支持；如果书业采购大神辉哥没有适时出现并最终入坑；如果没有所有家人的鼎力支撑，我可能依然迷途在书店筹备的茫茫征程之中。

　　书店开业前，园区里的快递小哥亲笔写了女书的帖子前来祝贺，香远益清、上善若水，都是吉利话。这是一家满载爱的书店，我会努力守护它。当然也会犯错，码字人书店也不完美，可在理想之路上，我只有竭尽所能地努力奔跑，并且永远记得梦开始的地方。

　🕐　开业时间：2018 年 9 月 21 日

　🪧　地　　址：北京市东城区和平里北街 6 号院 15 号楼一层 109 室

　👤　公 众 号：码字人书店

　💬　微 信 号：amazing—words

　💡　书店格言：自由是你可以选择不做什么

⑤ 寻找城市失落的心乡

袁晓龙
福州月溪花渡乡村图书馆创始人

这是一个轻点鼠标就能买到书的年代，一个没有纸张也能读书的时代。你有多久未曾踏入一家书店了？在书店与邂逅之人的欢颜畅谈、点点滴滴之间，都充满着故事。

其实，一开始来到月洲村，只是为了找一个地方开一家客栈，建一个院子种一点儿小菜，养几只小鸡过一点儿乡闲的日子。所以，当时为自己起了一诨号"50玩"，即50岁后，我们一起去乡村玩吧。后来，发生了许多事，慢慢地改变了我的想法。

当工业文明建立起一个机械化的快时代，那么在乡村，在我们的农耕文明发源地，是否可以找回城市人失落已久的心乡呢？

2016年，我在中国厦门2016 SMRT乡创大会中，发表了《寻找城市失落的心乡》的主题演讲。之后，我便带着这些想法，来到了月洲村，一个有着千年耕读文化的小村落，一个曾经的学霸村。在如月的桃花溪畔，在寒光阁下，我放飞思绪，最终找到了行动的基点：在这里，建一个图书馆，而不是民宿客栈！建一个精神高地，把城市人失落的心乡，建在乡村，建在这一片农耕文明的土地上。以耕读文化，重树我们农耕文明的心灵家园。

"十里竹林到月洲，一溪桃花伴芙蓉。"让我决定留下来的不是"桃红李白，竹青月明"，而是那座荒废的"月洲小学"。作为老师出身的我，只能用"无法形容"来表达当时的复杂心情。孩子们都到镇上去上学了，村里的孩子越来越少，最终，唯一的小学停办了。

当我伫立空庭，一个没有孩子的乡村，一个没有青年人的乡村，即使再美丽又能有怎样的未来呢？一个美丽的老人村？早些年看过一个台湾电影，叫《海角七号》，说的是台湾南部著名的民宿小镇垦丁，片中有一个村代表，面对一片美丽的大海，就曾发出这样的感慨："这么美的大海，为什么青年人就是不回来呢？"

今天，我们遇到同样的问题——残酷而现实——没有年轻人的美丽乡村！于是，我产生了想做点什么的冲动。

当我得知月洲村曾出了 1 个状元、48 个进士时，着实让我惊诧不已——这绝对是一个古代的学霸村！如果说有文化的话，那么耕读文化应该是这个村最深厚的文化底蕴了。如果要挖掘当地产业的话，那么耕读就是一个值得复活的乡村新产业，而且是一个非常具有现实意义的文化产业——自然亲子教育。因此，我想，不要总是把农村当成一个挖地瓜的地方，应该把古代的耕读文化与现代的学霸概念结合起来，打造一个以农耕教育为核心产业的综合体项目。

乡村图书馆项目是在原月洲发电站的原址上改建而成的，原建筑为二层夯土木构建筑。北临桃花溪，南临李树园，故取名"月溪花渡"，取"以花渡人"之意境。因原功能为发电站，故有溪水如瀑布般从建筑中喷出，堪比"流水别墅"。东面为300平方米的溪畔竹林、百亩李树园，特别是临近建筑还有两棵与发电站同龄的野生柿子树。西面为宋代建筑"寒光阁"以及桃花溪，隔溪为依依墟里。因此，我决定打造一个"隐建筑"，一个风景隐建筑：打开封闭的夯土建筑"让风景进来"，让建筑与风景融成一体，而不是突出建筑本体。唯一突出的是——在山水间，诗意地阅读。这一环境主题，让建筑成为风景的一部分，让风景成为建筑的主题。

同时，我们设计了一个观景平台，将两棵柿子树纳进了建筑本体中，打造一个真正的"柿子树餐厅"：不仅可以赏柿子，还可以亲手摘柿子。建筑的主门开在南面，正对一个小菜园，为了突出景观面，我们将正大门改到了西面，与寒光阁相对。南面菜园，则改为目前的"花田小院"——一个以芦苇、竹亭为主题的野奢小院，取意为本村著名南宋词人张元幹的《芦川集》。建筑夯土外立面有一层白石灰饰面，我们将白色铲去，将夯土本色裸露出来，完全将建筑风格隐去——就像原本就生长在这里一样。

原建筑为封闭的夯土建筑，与图书馆的功能定位极不相符，经过我们的精心设计改造之后，我们希望：首先，它是一个现代公共建筑空间；其次，它是未来乡村的文化地标；第三，它不应该"修旧如旧",更不能"修旧更土",应该以一个高颜值的建筑形态,宣示与时俱进的时代精神。因此,我们确定一个原则,即"古不乖时,今不同弊",在最大程度保留原夯土与木构的同时,结合危墙改造,将夯土墙打开,特别在"窗"的改造上,全部采用"锈钢板"框架,改变原来狭窄的小窗,变成超宽超大的风景窗、风景墙,使传统封闭夯土建筑有了公共建筑的"高、宽、亮"的空间感。锈钢板又与夯土色浑然一体,和谐而时尚,真正做到"古不乖时,今不同弊",即习古而不违时代精神。

其实,建造一个图书馆,有许多复杂的个人原因的。作为教师出身的我,看着乡村留守孩子,手捧着城市人捐的书,在断垣、路边、墙角,围聚读书,总是有一种莫名的心酸。在知识面前,在图书面前,我们的孩子失去了平等与看书的尊严,那么我们的乡村何以美丽呢?欧美的乡村,无论大小、远近,都有一个教堂。教堂无论大小与简繁,都一样神圣与洁净。特别是进教堂的人,穿上家中最体面的衣服,没有高低贵贱,每个人脸上都充满幸福与自信,因为,上帝面前人人平等,尊重自己,也尊重别人。这是一种发自内心与灵魂的文化自信。我们没有教堂,但我们可以有一个文化圣殿——图书馆,它一定不能是旅游观光点,它是我们乡村文明自信的起点。

把曾经在城市里才有的人文美学图书馆搬进乡村,把城市人失落的心灵之所建在乡村,以一种高规格的姿态,宣示乡村文化的进步与未来,让拍客、过客、观光客,在离开我们村子的时候,为我们定格一个崇高的礼赞——对于乡村、对于文化。让城市里的人知道,来农村,不仅可以挖地瓜吃土鸡、不仅可以忆苦思甜,还可以找寻都市人失落的心乡。

我希望通过我的努力，在乡村树立起属于农耕文明的文化尊严感。有钱，并不等于年轻人就会回乡。生活的尊严，文化的自信，才是让远离故土的人们心中充满信念、最终回归的动力。任何时代都会产生经济上的贫富差距与心理失衡，但如果再失去文化的尊严与自信，那么，你还会有信心与坚持吗？如果我们的乡村一旦失去了居住的尊严，失去了文化的自信，那么，富裕起来的年轻人一定抛弃、远离自己的故乡，义无反顾地走向城市，虽然他们依然过得十分艰辛。

因此，我们要重塑乡村的文化自信与生活尊严。而这些，必须从一个文化堡垒开始——乡村图书馆，一个与城市有着同样时尚、同样环境、同样书籍的地方，没有城乡差异、没有低人一等的文化感觉——在知识面前，在尊严面前，人人平等，这才是大家的希望，最终的目标。

乡村文创，要引领一种新乡村的生活美学，要建立新时代的乡村审美价值观，要让乡村的生活与先进生产力同步。乡村文化创意，不是在地瓜上做个雕刻，在旧物件上做个设计，贴几个标签，拼接一些创意，文化创意的目的是创造一种新的生活美学导向。

特别是乡村文创，更需要在已经失去原有生活方式与自信的农村，创造一种新生活、新人文的美感，重新寻找失落已久的心乡——源自根的文化自信。这就是我此次的乡村实践，以图书馆及乡村阅读的方式，来诠释新乡村的生活美学——以山水间，诗意阅读！

在城市待久了，走进乡村田野，去看看山水自然，赏心悦目。走累了，走进图书馆，走进书店，捧一本书，喝一杯茶，静待时光沉淀。

🕐 开业时间：2018 年 8 月 28 日

🪧 地　　址：福建省福州市永泰县月洲村吉洋路 11 号

👤 公 众 号：月溪花渡

💬 微 信 号：yxhdtsg

💡 书店格言：一个很花时间的地方

换酒书店：
烟火世界里的书香气

6

曹 蓉
南京换酒书店创始人

为什么世界上又要有一家书店？

因为美好的事物从来都不嫌多。

我们在南京夫子庙老门东开了一家独立书店，卖新书、旧书、古董书，也卖文创产品和各种百货。这家店的名字——换酒书店。

什么是"换酒"？

书店的名字有些奇怪，一个通常的误读是"换书酒店"。到底是书店还是酒店？

我们觉得关系不大，叫"换书酒店"也不是不可以。"换酒"

这个名字起源于微信公众号：换酒（ID：bookwinelady），这是我们分享阅读、生活、思考的平台。早在微信文章里就许过豪言，要开一家书店。如今终于没有食言。

说到"换酒"两个字最早的由来，还要追溯到店主大学毕业前夕。

在北京大学的毕业集市上，毕业生们把自己带不走的书拿出来摆摊售卖。当时他的朋友圈宣传文案是：事了拂衣去，卖书换酒钱。

现在，换酒书店真的在用书换酒：5 本旧书 =1 罐好酒。

我们是谁?

换酒书店是一家小店，也是典型的夫妻店。

店主毕业于北京大学历史学系，在图书行业工作数年，作为项目经理和文字编辑策划出版了十余本各类书籍，包括《给青年诗人的信》《夜航船》《人性的枷锁》《山之四季》……这些书会在书店专门的书架集合，推荐给所有读者。

我毕业于上海交通大学医学院，之所以选择弃医从文，变身新媒体小编，也因为从小就有开店的梦，想拥有一家自己的小店，过真正属于自己的人生。

结婚一年后，我们放弃工作，离开上海，来到南京。

换酒书店卖什么?

换酒书店卖的绝不止是书，用一句话概括：什么都卖。换酒书店是书店，也是百货商店。套用一句其他领域的概念就是：一个机构，两块牌子。

书，自然是我们主打的一块。换酒书店采取精品模式，每本书都经过店主的精挑细选。店主确保每本书上架前都已经读过，未来我们的官方网站上线后，会即时更新店主的读书札记，方便读者随意取用。

我们的书不是只有新书，主要包括新书、旧书、古董书三个部分。"新书很新、旧书很旧、古董书很难得"，这是我们选书、卖书的自我要求和底线。

换酒书店的新书都会打折，5—9折不等。

换酒百货商店

百货商店，在我的家乡叫小店，在粤语区叫士多，承载着很多生活味道的美好。我们一直很想开一家百货商店，卖各种各样的小玩意儿，精挑细选地上架，再等你精挑细选地带走。

换酒售卖文具，我们精选具有设计感且漂亮、有趣的文具产品；换酒售卖零食，精神食粮之外的味蕾食粮同样必不可少，来自世界各地的美味和我们这代人记忆里的味道在这里汇合；换酒售卖饮料，我们有玻璃樽装的汽水、各地特色的白红啤米酒，还有国内线下实体店难得一见的日本三得利微醺。

文创产品也是换酒百货商店的重头戏。随着小店运转的稳定，我们的业务流水线也将不断扩展，设计生产你能想到的一切文创产品：明信片、笔记本、书签、T恤……还有一些品类，到时候可能会吓你一跳。

开店之后，生活并非总是顺遂人意，难免会遇见颇多小插曲，如若没有那些驻足书店的可爱朋友，想必会是苦闷的日常。我们和他们浅浅对谈，一位又一位，一天又一天。一晃，一年多了。

足球少年的旧书奇遇

那是一个周末，店里来了一位还在读六年级的小男孩。他和小伙伴们约好要去学校操场踢球，但他发现时间还早，看到换酒书店，于是进来逛逛。没想到，在二楼旧书架上一眼便相中了一本民国字典。

那本民国字典售价 35 元，小男孩并没有这么多钱。于是问我们书店名字里的"换酒"是什么意思。当他得知旧书真的可以拿过来换酒或者折价后，接下来的一周，时不时地看到他出没在书店。而且，每次他都带来几本书。

小男孩带来的书中，有被水泡过的《笑猫日记》、学校里发的《新语文读本》、爷爷不要的《五行磁吸针磁疗针灸学》、封底完全缺页的《小故事大启发》……

每次带来自己的书，他都会非常天真又自信地问我："这些书值多少钱呀？"当我们回答他一本折一块钱时，他有点小郁闷。然后，我们又告诉他，这些书即便定价一块钱都不一定有人会买。他不信，说这么好的书怎么会没人要？打价签的时候，我故意问他："你觉得定 1 块钱会不会有人买？"他特别认真地劝我说："别呀，定两块钱吧，你们多赚点。"

时间一天天过去，他的零用钱也积攒了不少。在一个下雨天的傍晚，放学后的第一时间，小男孩冲进了换酒书店，杀了最后一次价，说他在学校一直在帮我们做宣传，好歹再便宜一点吧。最后，他欣然以15元的价钱拿走了那本心心念念的"宝贝"书。

小男孩特别大方地留下了几张散页给我们作纪念，临走时说了无数个"Thank you very much"。因为一分钟前，他在闲聊中说到自己英语可好了。见他是骑车来的，穿着雨衣的造型还蛮好看，我就问能不能给他照张相，他说："Of course。"说完又有点害羞，并没有对着镜头。

我们和小男孩之间的交情并非止于这一笔交易。之后，他频繁出没于换酒书店，有时会带着自己的几本旧书，抑或几枚硬币，一待就是大半天时间。

活到老，读到老

除了还在上学的少年，有时书店里也会出现步履蹒跚的老者。

陈爷爷是换酒书店的常驻嘉宾之一，不管晴天还是雨天，只要他路过店门口，都会进来坐一会儿。

陈爷爷总爱与我们闲谈，从对话中了解到他是一名退休的大学教授，研究领域是美学。陈爷爷为了支持我们年轻人创业，有时会带几本书送我们，其中还有他自己出版的著作。

有时我一个人在店里，把陈爷爷说的话复述给店主，他的回应是爷爷前几天过来和他说了一模一样的话。我们都笑了。

也许觉得我们很热情，陈爷爷后悔早先把一些书送给了另一家书店。那是一家政府为扶持文化项目建设打造的书店，面积很大，外观很美，可惜里面的书几乎无人问津。陈爷爷总觉得书去了那里就失去了生命，还问我们需不需要，需要的话他就给我们讨回来。老爷爷太可爱了！

陈爷爷并非书店里最老的客人。有一天，书店里来了一位扫地僧似的老奶奶。她拄着拐杖走路颤颤巍巍的，进门就抱起了《中国四十年来大事记》和《圣经的真理》，学识、眼光都让人想起民国大家闺秀的风范。听说我还没有吃饭，奶奶急得想去给我买午饭。被我婉拒之后，还一直不停地嘱咐我："年轻人要注意身体啊，得按时吃饭。"

入冬以后，店里总是冷冷清清的。即便是晴天，即便是周日，也只不过几个稀稀朗朗的顾客。某夜，来了一位从上海来南京旅游的老先生，问我这里有没有社科类的书，我给他指了一下书架位置。他问我塑封能拆吗？我说可以。然后，他就一直夸这里的书选得好，啧啧不停称赞着"书是真不错啊"。之后，老先生让我帮他拆塑封，拆了一本又一本，拆完也不见他翻看。末了，老先生和我说，这些全要了。真是以一己之力挽救了书店全日的销售额！

老先生还跟旁边的小伙子说，年轻人得买点书看啊。然后，那个小伙子真的乖乖听话买了三本书。真心觉得这位老先生很适合留下来当店员，虽然年纪大了些。

这些老人的身上仿佛带有圣洁的光环，能温暖一座又一座城市里的小书店。

原来我很幸福

某天傍晚时分，一位身材高大、穿着考究的男子进入了书店，他戴着圆框眼镜，将围巾妥帖地塞在大衣里。

他是一个人来的，默默地拿起个小购物篮，上了书店二楼。我们的购物篮很小，很多人都注意不到那个小篮子是购物篮，能被他第一时间发现，我很意外。大概过了 20 分钟，他拎了不少小玩意儿下来。

结完账，他并没有立刻走，而在书架旁驻足停留下来，问我："这是你开的书店吗？"

我说："是的，我和我先生两个人开的。"

他又继续问："哦？那为什么会想到开书店呢？"

于是，我解释："我和他以前还在出版公司的时候，有天中午吃饭，我跟他说我想开个小店。我们对书这方面比较熟，他看书很多，也很喜欢看书，于是我们就决定开了这家店。"

他立刻回应我："那你很幸福。"

我有点诧异："哈？"

他接着说："你丈夫年龄也不大吧？应该还在事业上升期。你说想自己开店，他能放弃一切来完成你的梦想，你真的很幸福！"

我点头回复："嗯……以前也有人这么说过。"

他又问我："怎么没有听说过你们这家店，你们有做宣传吗？"

我马上回道："有啊，我们在豆瓣、微博、公众号都有发消息的。"

他点点头，又说："这说明你们宣传得还不够多。"

我有点囧："哦，我们确实没有在其他渠道做宣传。"

他又问我："你们的宣传里说过这家店是因为爱情才产生的吗？"

我有点不好意思："额……那倒没有特别强调过。"

被他这样一问一答，我发现我好像真的很幸福！

何不就此虚掷人生

有一次，被一位大叔得知店主是北大的，我是交大的，结果跑来开书店。他当时那个愤慨啊，气势汹汹地问我："你们开书店，为什么好好的工作不做啊？简直就是浪费国家的资源！你们自己觉得不浪费吗？"其实，我很想回答他："我们不觉得这是浪费资源。"

又或者，按照我的观点，人生就是用来浪费的，那何不做点有意思的事情呢。但是，觉得资源浪费的人不止大叔这一个特例。前不久，店主也被问到是否有资源浪费的嫌疑，为啥不把开书店当作副业。

他的回应是：一是开店其实不容易，"当作兴趣"做副业，唯一的结局就是赔得底儿掉，我不敢；二是"一定的资本和能力"已经有了，我们不是大学毕业就来搞这个，你所说的"稳定的职业"我们已经经历过。

我倒没觉得自己经历过什么稳定的职业，我认为没有什么职业是绝对稳定的。但我在以前每天打卡上班的日子里，很认真地思索过自己这日子一天天过，究竟有什么意义，到底图个啥，结论几乎只能是两个字——"赚钱"。

开无意义的会，上无意义的班，写无意义的文字，"赚钱"是唯一有意义的时候，我觉得自己好浪费啊。当然，赚钱还是很有意义的，如果没有当年的努力赚钱，也不会有换酒书店的起步资金了。

我想，当下次再有人问我觉得浪不浪费的时候，我会勇敢地说三个字——"不浪费"！

未来，不止于书店

以换酒书店为原点，我们将延展开来，涉足与书、与美有关的一切。在未来，"换酒"决不会仅仅是一家书店，它将与一切有关，设计、策划、推广、出版，换酒作为一个品牌的愿望是：让中国人有趣更有品。

未来很长，我们一直在路上。

换酒书店
wine bookstore

开业时间：2018 年 8 月 26 日

地　　址：江苏省南京市秦淮区剪子巷 81 号

公 众 号：换酒

微 信 号：bookwinelady

书店格言：晴耕雨读，书能换酒

⑦ 开一间书店，影响一群人

张 潇

温州无料书铺创始人

我不是文化大 V，也不是编剧、作家，我开了一间书店。

2015 年，我从银行辞职创业，经历了中国最火爆的创业热潮。眼看他起高楼，眼看他宴宾客，眼看他楼塌了。自己也经历了从意气风发到犹豫不决再到坚定前行的起起伏伏。

坦白说，现在创业成功的概率非常低，创业的难度变得越来越大。

我的成长经历和职业背景与书店这个行业毫无关联，"海归硕士""知名金融机构与投行经历"的标签，更让很多人惊异我的选择。

当我在 2017 年结束第一个项目，开了一间书店时，很多人没法理解，包括我的父母和曾经的投资人。老妈一直叹气："好好的银行工作不干，现在只能开一间小书店了。"曾经的投资人问我："你是不是准备开始养老了？"还有一些关心我的老大哥，碰到我也会对我说："我去你店里看过，不知道你怎么赚钱，我觉得你还是得找一些能赚钱的事情去做。"

书店不赚钱，这似乎已经是一个大众认知的公开的秘密了。但是，我想先跟大家讲讲另外一些故事。

2016 年，我做"民间"项目的时候，采访了很多手艺人，里面有很多故事让我印象深刻。2019 年元旦，刚刚去世的百岁老人——刘老给我的印象最深刻。刘老曾经是一位语文教师，退休以后开始练习书法，二十多年后精通十种字体。世博会中国馆开馆时请他书写了"中国书法"四个大字，但他不是什么知名书法家，也没有因为写字赚过钱。我们去采访他的时候，刘老 98 岁，住在养老院里，直到去世前一天还在练书法。当时，他看了我好一会儿，才跟我说："年轻人，文化这碗饭不好吃，要经历很多苦难的……我年龄这么大，其实早就可以走了，但是我还想给这个世界留下点什么。"

开书店以后，我们模仿《解忧杂货铺》开设了无忧箱的小板块，经常会收到一些读者的匿名信，讲述自己生活的苦处，我们也一封一封地回信。曾有一个中年女性给我们写信，讲述了自己几十年痛苦的人生，有轻生的念头。我们第一时间给她回信，几周之后收到了她的第二封信，我们所有人都松了一口气。我们虽然不是什么心理专家，也不是什么情感专家，但还是希望自己认真思考的建议能够帮助到他们。无忧箱就像一个树洞，让生活有一个喘息之处，有一个发泄的出口。

书店开业一年多的时间里，我们组织了 200 多场沙龙，无关文艺，而是让各行各业的人来分享干货。有放弃数百万年薪当自由潜水教练的精算师、有环球旅行深入墨西哥贫民窟暗访毒枭的女设计师、有 30 年专注发绣的手艺人……沙龙结束后，经常会有一群人围着沙龙的演讲者讨论，有时就某一个观点，有时是某一本书。我总觉得那是很美好的时刻，是人类智慧和生活闪耀的时刻。

2018 年年底，有一个美团外卖小哥在书店快关门的时候来店里还书。起初，我以为他是帮哪个客人跑腿来还书的，结果发现他就是我们的年费会员，而且已经续费一次，坚持每半个月读两本书，趁着送外卖路过，进来还书再借书。我一直以为我们服务的客户是那些所谓的"中产阶级""文艺青年""小资青年"，没有想到还有这样一位可敬的客户、一位可爱的读者。

这些都是让我欣慰、感动、记忆犹新的瞬间。

"文化这碗饭不好吃""给这个世界留下点什么"，在这个大家都忙着追求成功的年代，这两句很有"情怀"的话，却是让我真切感受快乐的事情，那种或许可以影响别人的生活所带来的成就感。

在一座城市中，有太多灯红酒绿、惺惺作态的场所，而在书店，当你面对一本书、面对共同喜好的陌生人、面对打招呼的熟悉店员，这才是一种真实的、属于我的城市的感觉。旅行的意义在于归来，探索世界的过程其实是探索自己，而读书读的也是内心。书店，就是这面镜子。

即使抛开上述这些情怀的感受，理性地回到前面那个话题——书店赚不赚钱。

书店，依然是一个值得经营的行业。

在这个世界上，所有的商业都有自己存在的理由和价值，有大，有小，商业的本质无非是需求与供给。在人类社会中，自古有之的行业都有各自存在的道理，尤其是那些自古有之的行业。书店已经存在了上千年，那就一定有其存在的理由，只是必须要找到在当下时代适者生存的方式和经营之道。

从本质上来说，书店是零售商业的一种，和便利店、服装店、超市类似。到了现在，书店应该升级为零售服务业。计算客单价和复购率、分析热区和流转比例、研究利润弥补和成本分摊的策略，遵循这些零售与服务行业基本的原则，书店一样能够经营得很好。而且，本来就有能赚钱的书店。

更重要的是，在我们的城市、我们的生活中，本就应该有书店的一席之地。即使过去的书店店主在用亏本延续着这个行业的生存，那我也愿意成为这意义非凡的行业中的一员。

因为除了赚钱，还有很多有意义的事情，更何况我有信心让书店赚到钱，因为我想让我的书店存在下去。

1940 年 10 月 8 日，伦敦遭遇空袭后，一名男孩坐在伦敦某书店的废墟中，阅读一本名为《伦敦历史》的书。如果说书承载着人类的历史和未来，那书店或图书馆就是这道"穿越之门"。

巴黎的"莎士比亚书店"、旧金山的"城市之光书店"、伦敦的"哈查兹书店"、东京的"茑屋书店"，中国的"三联韬奋书店""先锋书店""诚品书店"……它们都跨越了时空，证明着书店不可替代的意义。

以前有人问过我：为什么要创业做一个项目，价值观是什么。当时觉得这是一个很虚无的答案，后来理解了，其实每一件事情都有很多动因，有的可能纯粹为了赚钱，有的可能为了获得成就，也有的可能是想为社会做一些事情，这个动因就是价值观。

这个世界很大，每一个人都很渺小，在这么大的世界里找到一群人共事，确实需要一致的动因，才能志同道合。老前辈总提起"志同道合"，这里的"志"和"道"，就是价值观——我希望能够为一座城市、一个社群带来一些不同；合伙的师兄希望他的女儿成长中有一座书店相伴，聚拢一群志趣相投的人，这便是我们一起开设这间书店创始人的"志"与"道"。

书籍浩如烟海，总有一些有趣的字句能够让人会心一笑；更有多种多样的书，将各种各样的生活方式、文化创意连接在一起，给人们的生活带来更多的志趣。

我们的无料书铺，就是期望通过精致的书空间，连接各种有趣的人，发现有创意的产品，推荐值得阅读的书籍，营造舒适的休闲场所，让更多意想不到的惊喜、偶遇的新鲜感、相见恨晚的邂逅在这里发生，进入与我们产生联系的每一个人的生活。

因为我们都相信，书能够让生活变得更有趣，而我们的使命，就是努力"用书，让生活变得更有趣"！

任何一支团队、一家公司、一个项目，都跟人一样，有自己的使命与寿命——它的诞生一定有原因，它的死亡也不会无缘无故。无料书铺的团队成员都非常年轻，年轻到我已经是最老的老骨头。在这些年轻的生命最富有价值的年华里，我们希望做一些有意义、有价值的事情，让我们的努力和奋斗成为能够影响社会的一部分。如果能够通过书籍，让人们感到快乐，改变一些人的生活，甚至影响一座城市的文化，我们觉得这也是一种"功德无量"。

在新年伊始，我们决定把无料书铺做成全国知名的书店品牌，全国十大文化社群平台，这是我们的小目标，因为我们希望尽可能多的影响别人。

在这间书店开设伊始，我们就开始倒计时——我们要做一间99年的书店，在成为百年老店之前结束自己的使命。这也是我们的大目标，实现我们理想与价值的大目标。

鲁宾斯坦说：每一座城市都应该有一间好书店。

因为书店会成为这座城市的灵魂。

每个人行走江湖都有一套自己的行为准则。在我辞职创办第一家公司的时候，我就在团队手册里写下一句话：我并不奢望能够改变世界，但我希望因为我们的存在，让身边的社群变得有所不同。

直到现在开了书店，这个初衷依旧没有变化，而且更加具体，知道应该去做什么。

开了一间书店，影响一群人。

無料书铺
WILL COMMUNE

🕐 开业时间：2017 年 9 月

📍 Reface（黎明店）：浙江省温州市鹿城区黎明西路 341 号
1 号楼 2 层 3 号

📍 五 马 店：浙江省温州市鹿城区五马街 34 号

田中央（七都店）：浙江省温州市鹿城区七都街道建设路 57 号

书盒 1670：浙江省温州市鹿城区南塘风貌街 1 号楼

童言无际（梦多多店）：浙江省温州市瓯海区新桥街道六虹桥路
1189 梦多多小镇 A 号楼 1 层 A1—A2 号

瑞安字趣店：浙江省温州市瑞安市罗阳大道瑞安广场东首 1 楼
（嘉宁路 19 号）

成都青羊万和店：四川省成都市青羊区日月大道一段
万和中心负一层

江苏无锡店：江苏省无锡市梁溪区人民中路 111 号苏宁广场一楼

上海五角场店：上海市杨浦区邯郸路 585 号苏宁生活广场一楼

江苏镇江店：江苏省镇江市中山东路 301 号 1—2 层

福建福州店：福建省福州市台江区宁化街道工业路 233 号
福州苏宁广场

公众号：無料书铺

微信号：wuliaobookstore

书店格言：书让生活更有趣

8

星空无边无际，
梦想不休不止

孙晓迪
沈阳离河书店创始人

为什么开书店

开书店这几年，经常被人问为什么做这个。

一开始，我毫不犹豫地回答喜欢。不喜欢，干吗开书店？又不是图钱，谁都知道书店这行不能发家致富。

渐渐地，面对同样的问题，我会停顿，会犹疑。开书店是一件想象与实际相差甚远的事情。你以为开书店是情怀当歌以梦为马、手持书卷岁月静好？什么名啊、利啊，人间的那些蝇营狗苟，都离你远远的？你以为你是个最清净、最脱俗的世外高人，只跟书本打交道就好？其实，开书店是房租、水电、工商、消防，进货、录入、上架、盘点，和开店有关的所有鸡毛蒜皮都得亲自应付，跟书本打交道的最常见方式是搬书……

为什么开书店？再被人问起，我只能说不知道，反正开都开了，只能挺下去。

其实还有一个原因，我现在不太爱说，略有卖惨之嫌，但确实是开书店的直接理由。

这事得从我原来是干什么的说起。我是一个写书的，出过几本都市情感小说，也签售过，风光过一阵子。2012 年，我跟老公高明从北京回到沈阳，这座沉默庞大的工业老城可能跟我的灵感八字不合，长达四年时间，我写不出一个字。不写作的我成了一个废物，找不到工作，不爱出门，每天在家乱晃，最大的成绩是为下班回来的高明下一碗没有任何卤子的面条。和很多陷入创作瓶颈无法自拔的作家一样，我抑郁了。最严重的时候，我一条腿跨在窗台边上，严肃地思考从 16 楼这个高度往下跳，能否立即死亡而不是摔个半残拖累家人。

高明发现了我的异样，花了很大精力平复我的心情，但效果微乎其微。不是他做得不好，而是我在那时，深陷在无能的情绪中，很难走出来。最后的最后，高明终于想出一个办法——开书店。"你不是喜欢书吗？你喜欢读书，喜欢买书，也喜欢写书，那么，开一家书店吧，我辞职跟你一起开书店。"

记忆里最冷的冬天

在高明的支持下，离河书店诞生了。小小的，只有 60 平方米，不临街，在一家很小的艺术区里，想找到离河书店是件很难的事。

我们打理书店，从进货到清扫一手包办，闲暇时拼命接单赚钱，我写剧本，高明拍商片——我们得养活书店和三只猫以及我们自己，经济压力陡然增加。

我每天都在忙，不是忙着算账，就是忙着写稿，抑郁情绪很快就消失了。我好像走入了另一个极端，变得过度热情，因为太健谈，吓着了很多陌生人。但我不再想死，不再觉得自己无能，尤其是我选的书被懂它的人买走时，会产生非常强烈的成就感。

我还记得当年小书店的冷。冷气从水泥地面一丝丝地渗进来，雪地靴也无法隔绝。客人一进门，看也不看转身就走。北方的店铺，如果室温不能达到理想的温度，基本不用做生意了。最冷的时候，我缩在书店唯一的沙发上，里三层外三层盖了很多衣服——不敢盖被，因为是营业场所，总想着一旦客人进来，看到老板一副居家模样，实在影响店面形象。

在那个最冷的冬天里，来书店购买图书的客人，都是天使。

一个女孩，买了一本很厚的绝版画集，钱没带够，她男友对我说便宜点儿吧，这大冷天的。我还没说什么，女孩对男友说："买书还带讲价吗？买书是最不能讲价的事。"女孩的妆化得很厚，涂着五彩斑斓的指甲，看上去不像是能买书的人。可她偏就来书店买了，还"教育"男友买书不能讲价。后来，女孩用微信借了点儿钱，把那本画集买了下来。

我还记得一位大学老师，每次来我的小书店，都从上到下仔细地搜索书架，一本书都不肯放过。他的眼睛又准又毒，挑的全是我的私藏。我把书卖给他的时候，既欣慰，又失落。欣慰的是真的有人懂我的书，失落的是我的 2000 本私藏，掩藏在书店里，卖一本就少一本了。

在那个记忆中最冷的冬天，我们在小店里接待了一位特殊的客人——沈阳 1905 文化创意园的招商经理。一个年轻有活力的女孩，眼睛特别亮，笑起来的时候嘴巴张得大大的，毫无顾忌地挥洒着属于她的青春。我和高明都很喜欢这个女孩，相信她，也相信她对我们说的话——如果离河书店在 1905 文创园，会拥有更美好的未来。

从敲定合作到搬到文创园，只花了两个月时间。

离河书店的面积从 60 平方米扩大到 300 平方米，除了图书，我还加上了饮品、文创，举办活动，请作家来签售，一切都像一个正规书店开始运转。书店工作占用了我更多的时间与精力，我不得不推掉一些剧本，虽然有的剧本还……蛮挣钱的。

那时，我满脑子都是把书店干好，哪有心情伺候片方啊，只好逼着高明接更多广告片的活，同时给他看账本，向他打包票——书店离自给自足的日子不远了。只要书店能养活自己，我们和家里那仨猫，其实挺好打发的。

说点生意经吧

不知不觉，离河书店在 1905 文创园开业一年多了，营业额比在小店时期翻了四倍，实现自负盈亏，还小有盈余，起码仨猫的罐头钱是书店给我们挣出来的。

我早就不接剧本了，连高明的广告片也越接越少。我们有预感，再有至多一年，离河书店就不需要我们为它造血了。对于开书店的人来说，最成功的莫过于书店盈利，还能养家糊口。

感谢人间，我们终于做到了。

离河书店火了之后，来了很多取经的人。我很开心，在没人看书的年头，还有人想做卖书这个古老的行当。但我也有点担忧，开书店，不说九死一生，也是一件很难的事，光是"喜欢"，是开不好书店的。

很多时候，我和高明听来访者说了半天，发现他想开的不是书店，而是"有书的咖啡馆""有书的花店"。他们并不懂书，甚至不喜欢书，只是喜欢有书的氛围。抱着这种念头开书店是很危险的，书的包容性很强，看上去什么都能卖，但这恰恰是最难把握的地方——如果你的店什么都能卖，那到底是一家什么店呢？

我的书店是如何做到盈利还能扩张的呢？一篇文章讲不清楚，沈阳也有其独特性，是其他城市无法借鉴的。

关于开书店的经验，我只想说一点：用心卖书，不要把书当作店铺的装饰品和摆设，坚持，坚持下去。

另外，情怀不能用来吃饭，梦想也需要精准实用的商业手段去体现。书店是卖书的店铺，是一个营利性的营业场所，营利是书店的首要目的。如果真的不差钱想做情怀，那我的建议是开图书馆，而不是书店。

离河书店做得最离经叛道的一点，是在书店门口竖了一块"谢绝摄影"的牌子。离河书店不欢迎来拍照的人。这个举动让我们遭受很多非议，包括不少朋友。他们都说如今是网红时代，拍照的人会帮你做宣传，让书店影响力更大，不好吗？我说不好。拍照的人会如何宣传离河书店呢？"这家书店很漂亮，都来拍照吧！"他们吸引的是和他们一样的人。而一家书店，敞开大门，欢迎的并不是拍照的游客，而是读者。如果书店里挤满了拍照的人，真正的读者该怎么办呢？

离河书店有一个很好看的楼梯，两边都是书架。我们没放"谢绝摄影"的牌子之前，楼梯上全是拍照的，好多人甚至挤在楼梯下面排队，有人上去翻书，还会被拍照的人驱赶。这太可怕了，如果我是一个读者，会很生气。我作为读者的体验呢？我是来逛书店，我是来看书的，我是来买书的，凭什么要被赶走？所以，我们照顾和保证的是读者的权利，只有读者，才会给书店带来切实的利益。

我始终相信好的店铺是需要筛选顾客的，而不是敞开怀抱欢迎所有的人。

离河书店也会做一些主打情怀的事，比如：我坚持在岛台正中央放"见识丛书"和"甲骨文系列"，哪怕这些大部头的社科书一个月也卖不出去几本；我坚持在最醒目的橱窗位做文学展——2019 年是五四运动 100 周年，我做了"新青年　新文学"的书展，挑选近年来我认为不错的中国青年作家，双雪涛、郑执、班宇（离河书店在铁西，这几位铁西贵族当然要重点关注）、林奕含、孙频、任晓雯、徐则臣、丝绒陨……就放在书店最显眼的位置。虽然一个月就卖出去一本《平原上的摩西》，还好，起码这个书展我在沈阳别的地方没有见到过，也算是属于离河书店独有的吧。

我还策划了特别的读书活动"剧透拯救世界"，第一期讲《百年孤独》，我花了两个小时，详细讲了布恩迪亚一家七代的故事，大家听得很尽兴。第二期讲存在主义和萨特，借用的是《存在主义咖啡馆》这本书。第四期是反乌托邦作品解析，我疯狂地介绍了自己很喜欢的科幻小说《来自新世界》。其实响应者寥寥，但我决定坚持做下去。高明说，独立书店是需要一些风骨的，钱嘛是要赚，但吃相总归不能太难看。

还是因为喜欢

2019 年 4 月，我的一位作家朋友来离河书店签售。我们多年未见，再次相逢，非常感慨。他跟我说他的写作计划，还有手上的一些剧本项目。如果是以前的我，在祝贺他的同时，还会泛起酸酸的醋意。那时，我在意自己作家的身份，耿耿于怀四年没有出书，介绍自己时，还固执地把作家头衔放在"离河书店创始人"的前面。但再跟朋友见面时，我才发现我的心态早就发生了改变。

我自豪地带他参观书店，讲解岛台每一处陈列的用意，请他品尝离河小咖啡的饮品，介绍"剧透拯救世界"的未来活动，得意地收下他的所有赞叹。原来，我早就把开书店放在了写作的前面。

2019 年 6 月，北京的一个制片人找我写剧本，一个很好的项目。如果在以前，我会为接到这么好的剧本而欢呼雀跃，但现在的我拒绝了。我跟制片人说："9 月，我的新书店就要开业了，写不了啦！"制片人非常惊讶，她知道我的事。她问我："你开书店不就是为了治病吗？你的抑郁都好了，为什么还要坚持开书店，回来写稿吧。""不行呀！我得开书店，因为——"我对制片人说，"我喜欢！"

是啊，回忆到现在，有关开书店的种种经历，高兴的、寂寞的、兴奋的、凄惨的，都让我意识到，其实，我深深地喜欢着开书店这件事。

为什么开书店？

为什么，还不是因为喜欢啊！

关于高明

高明，作为我一生的灵魂伴侣，也是离河书店的另一位创始人，出了很大力气。可惜因为是我撰写稿件，他没什么出场机会。为了体现他是一名很优秀的前媒体人、独立书店运营者，特将他为书店两周年写的寄语附到最后，顺便借用一下标题，也以此对正在读这篇文章的朋友们说：如果有什么很喜欢很喜欢、喜欢到无法放弃的事，就去做吧，因为梦想与星空一样，会在我们头顶永远流转，不休不止。

星空无边无际，梦想不休不止

文 / 高 明

历史并不常常在某个特定的时刻让一切发生改变，只是在我们的心里，习惯找一个开始。

离河书店生于 2017，度过 2018，来到 2019。

我们始于梦想，忠于坚持。

这是离河书店的两周年。很多人说，一个事业一旦坚持三年，就能奔向十年，向往百年。

所以，之后的每年，我们都想用这样的方式与您见面，这是约定，也是不变的仪式。这仪式与约定，没有情怀的重量，只有无尽的梦想与野心。

这一年，我们看见有人掉进尘埃，有人遇见星辰。有人失去自由，有人得到爱情。有人迷失方向，有人赢得尊重。

这一年，我们记录了凌晨四点的沈阳，用乡村爱情的方式讲述了《百年孤独》。我们迎接了青年作家吴忠全，他带着新书《海风电影院》，在离河小咖啡与读者畅聊了理想与人生。

这一年，我们不再孤军奋战，收获了认真刻板的店员老王。

这一年，我们让阅读比拍照更重要，谢绝了摄影。

这一年，我们让顾客低声轻语，重新认识书店。

这一年，我们想让贫瘠的土地，开出最美的花朵。

世界仍在迷雾中，流量收割，焦虑贩卖，沉默的陀螺在放大，真相稀薄珍贵，离河书店坚持发声，尽管微小，却不遗余力。

我们不愿活在自己的故事中，我们愿意见证每一桩生老病死和每一次柴米油盐，我们愿意执拗地站在东北这座大城中，与她血脉相连。

这是我们的基因，也是光荣的印章。像一束光簇拥向另一束光，我们渴望以微薄的个体，迎向每个喜欢离河书店的人们，照亮他们的内心，温暖他们的生活。

思想的光芒在重生，独立的认知在重建。

我们不再一己呢喃，也不满足于窃窃私语。我们要让声音在阳光下汇聚。

星空无边无际，梦想不休不止。

即使冬夜漫长，也要在黑暗中做个狂欢的舞者。

离河書店
LiHe
Bookstore

🕐 开业时间：2017 年 7 月 29 日

🚏 地　　址：沈阳市铁西区兴华北街 8 号 1905 文创园 2-2

👤 公 众 号：离河故事

💬 微 信 号：lihestory

💡 书店格言：这座城市有 800 万个故事，你和我的会在离河书店发生

这家店里，真的有光

9 小 新
济南想书坊创始人

1

当我所在的城市济南，有太多家书店已经挣扎着死去，或者艰难地活着……

当经常有人感慨我所在的城市是文化沙漠，甚至直言"还有人去书店买书吗？"

当一篇文章《白岩松：为什么我们已经堕落到要推广阅读》爆红网络……

这就是现状，很不堪，也很无奈。

有句玩笑话是这样说的："若是想让你的朋友破产，就让他开书店吧。"虽然是玩笑，却道出了独立书店生存的艰难。其实，散布在城市某一个角落里的某一家独立书店，你跟店主随意聊天，都有你意想不到甚至闻所未闻的传奇。试问，哪一家书店，没有自己难以忘却的痛苦与挣扎呢？

对于现状，我们习惯了这样对待——看到了却视而不见，认知到了却装傻充愣，怕了却无力担当。这个世界本就凉薄，何苦多情惹尘埃？

我在济南这座二线城市学习、生活和工作了将近20年。在中学时代，我会不定期跟妈妈要20块钱，去县城的新华书店买一本书。知道家里的条件并不宽裕，所以不敢经常要，通常买来一本书，要洗两次手才开始翻书，后来我才知道这就是"仪式感"。

在大学时代，曾经有个很文艺的女孩子玲玲，比我大三岁，她带着我去蕴秀书坊；还有我最常去的三联书店，看到那么多书，无比眼红，感觉那才叫"书的海洋"；以及致远书店，我当时打量着启功先生题写的招牌，很难形容内心的那种莫名的澎湃……

毕业后，我成了一个媒体人，有了"山东电视台首位电视新闻评论员"的 TITLE，成了好几家高校的客座教授，还出版了几本所谓的"畅销书"。总觉得，还远远不够。

我时常在想，除了在这里求学、工作、买房、结婚、生子、衰老……我们跟一个城市，还可能有什么关联？换句话来说，我，一个媒体人，对一个城市能有什么贡献？这个初心，一点都不装。

2

2017 年 4 月，我和《纸婚》的作者、著名作家叶萱老师，以及我认识了十年的兄弟华子，计划共同做一家书店。我们分析了这个城市死去的 N 个书店的短板，又充分畅想了我们能够做好一家书店的长板，之后，我们做了一个理智的决定——放弃。

我们喏喏地说，要不就算了吧。我们都是平时买菜都算不清楚价钱的人，何苦庸人自扰？叶老师当好她的作家，我做好我的媒体人，华子做好他的生意人，各归其位，不是很好吗？只是隔了一天，我们就反悔了。

做！马上做！

我在微信朋友圈上发了一条"我要众筹一家书店"的消息。瞬间，我的微信就炸开了锅。"怎么打款？""一起呀！""带上我！"他们当中，有媒体人、作家、高校教师、画家、歌手、生意人、律师，还有一家银行的出纳。我反复跟他们谈到书店在不少城市的冷遇，而他们大多数谈到了"理想"和"梦想"。

点亮理想的那一束光，我们只需要一个火种。

"你俩盘算一下卡里还有多少存款。"我说。

我和叶萱老师、华子达成共识，一旦书店真的倒闭了，我们便用自己的钱补上窟窿。很多缘分，无非是遇上一双真诚的眼睛。

所以，也许这是一次理想的狂欢，但也可以理解成心灵的解放。冥冥中，我可以想象到，我们是一家书店，又不单纯是书店。我们出售的不仅仅是书，还有梦想、回忆和你所期许的温暖。再不疯狂，我们就真的老了；再不谈理想，我们就真的颓了。既然有理想，有梦想，还有美丽的畅想，那么这家书店就叫"想书坊"吧。

"想"这个字，涵盖了太多我们期冀抵达但尚在奔波的内涵。只有"想"，才是我们面对这个陌生世界时，唯一的疑惑与全部的底气。

要想，才发现所想世界的未知与庞大；要想，才知道自己的渺小与坚定；更要想，才懂得怎么选择远方，怎么扬帆起航。所以，想——才是我们能够送给自己的最好的礼物。这是山东首家作家书店——想书坊的灵魂。

在济南的城市空间里，跳广场舞的大妈占据了泉城广场，忙着为子女相亲的长辈占据了千佛山，周末被父母领过来的孩子占据了不同的培训机构……独立书店，是还给文艺青年的精神栖息地的重要所在，而济南的独立书店却少得可怜。

想书坊第一家店面选在了位于济南千佛山路 1 号的 CCPARK 文化创意港的四楼，CCPARK 文化创意港本身就是文艺青年的聚集地。

我在书里曾经写过一句话：远方，总是让人神往。而心坚定了，又何惧远方？那个远方，跟长腿欧巴无关，跟美女无关，跟金钱地位无关，跟学区房无关。我在畅想，翻开一本书，恨不能把脸贴上，在书里做梦。

有朝一日，你到这家书店，希望我可以给你倒一杯酒，你给我讲个鲜衣怒马或特立独行的梦想故事。

一间房子，一杯咖啡，一本书，一群朋友，一种温暖。

3

2017 年 4 月 4 日，我第一次在朋友圈发出预告，我要跟两个朋友开一家书店，那条信息的点赞是 355，评论是 286，有人欢呼，有人鼓掌，有人观望，有人问我疯了吗？

2017 年 5 月 5 日，我收到本地报纸的样刊，记者用了一个标题——"城市良心"的梦想接力，还引用了我们对想书坊的诠释：想，是一个充满了发散性的词——理想、梦想、畅想、冥想、想象，这些都可以在一家书店找到答案和归属。

2017 年 6 月 7 日，叶萱老师、华子和我，在夜里去书店盯装修，我们身后一片空旷，我清晰地记得叶萱老师穿了一件黑色的运动装，不算优雅。

2017 年 6 月 25 日，华子给我发了一段他在书店的视频，他哑着嗓子说："新哥，当你看到这一切，你是不是觉得很值了。"就是他这句话，我直接泪崩。

后来，我们有了自己的原创图书，当这些图书的后勒口或封底印着"想书坊"LOGO 的时候，作家书店的原创性才真正体现出来。

一年半之后，我们拥有了四家想书坊商场店、两家想书坊社区图书馆。通过想书坊，更多作家成了我们股东团队的一分子，作家驻店、作家沙龙、作家分享、作家的原创图书，这些都成为现实。

2017 年 7 月 1 日，叶萱所说的"大明湖的荷花开放的时候"，想书坊在几乎没有任何前期宣传的情况下试营业。

"我们想测算一下自然流量，以及我们的特色能不能留住人。"带领运营团队的华子接受记者的采访说，"很幸运，我们接受了挑战，而且前期效果是很可喜的，大家很难想象，我们还没有正式营业，一天居然卖了200多本书。"

造价几万元的"多肉景观区"，成了90后、00后最喜欢的拍照区域；近百人的捐赠承载着70后、80记忆的"回到过去怀旧区"，很多读者在这里寻宝；集国外众多绘本馆之所长，拥有独家原创设计的"亲子绘本区"，更成了孩子和父母在书店里的不二选择。

在国外，很多小型独立书店都会形成自己的特色，它们可能深耕某一类书籍——读者们不到这里便买不到，也可能涉足出版、广告、影视等行业，以现代传媒的手段来做文化传播。这也是未来想书坊要做的，我们已经开始布局。

很显然，我们对想书坊的想象，还有很多，是想象，更是理想。

而最难忘的，自然是那些可爱的客人们。

有一位退休多年的大学教授，75岁的老奶奶，每个工作日都会坐在书店的一角，最可爱的是她还做笔记。看我走近她，她的眼睛就会眯起来："老板啊，你叫啥来着，我又忘了。"我说："奶奶，我叫小新。""对对对，小新小新，我又忘了。"

有一家四口，准确地说，一年之前还是一家三口，妈妈挺着大肚子，他们会点一壶水果茶，每个人都看着自己手里的书。一年之后，爸爸专门来到书店，跟我们报喜说：家里的第四个小成员出生了。很盼望，小四同学能够早一点儿来书店看书。

张广顺是一个年轻的写作者，他从微博找到我并给我留言，希望到想书坊做一个兼职的店员。他对书有着难得的热忱，无比关心他的《少年不惧岁月长》的销量，只可惜这个文艺少年总是算错账，少年只惧算数难。

还有那些专门来想书坊打卡的我的听友和读者们，他们拿着我的书，在书店门口合影，做着鬼脸，给我留言：小新，我到了你的书店，感觉跟你的距离又近了一步。

我在心里也做了一个鬼脸，谢谢你们，谢谢每一个原本陌生的你。

4

这一切，当然不是全部。

比如，你想象中的书店里的店员，应该是坐在阳光下的玻璃房间里，慵懒地打开一本书，当你走进书店，她向你微笑致意，甚至会跟你聊风花雪月。

现实是，店员基本成了杂工，要会选书、录入图书、写书评、做海报、拍视频、写小便签，还要打扫卫生、端茶送水、修水管、接电线、安门锁……

店长不止一次跟我撂挑子："新哥，我真的撑不住了。"我只能再次地给她灌鸡汤："不惧万人阻挡，只怕自己投降，只要你撑住了，你就又进阶了，想不想试看？"店长的眼珠转了转，点了点头。半年之后，昨日重现。

一个书店老板，更是时刻经历着暴击。第一家店，刚开了几个月就面临着过年，所有的店员都要回老家。大年初三，我和华子两个人待在店里，他负责做饮品，我负责卖书，没有客人的时候就大眼瞪小眼。

想书坊第三家商场店开业当天凌晨三点钟，我和叶萱老师还穿梭在店里调整书的位置，华子戴着口罩，指挥着工人忙这忙那。叶萱老师咬着后槽牙说："怎么又回到了最初开店的老样子？"是的，如果没有持之以恒的信念，真的很难坚持。

为书店的活动免费站台，为书店项目的有效推进而被迫参加应酬，明明一生不羁爱自由也自认为是一个神采飞扬的人，却为了想书坊时常搞得灰头土脸。

问题是，我们到底为了什么？这是太多书店的创始人或主理人必须要思考的问题。放在我的身上，大概就是为了一座城市的气质。

一座城市的气质依靠什么塑造？除了鳞次栉比的摩天大楼，更不能缺少那些零星散布的文化载体，而书店就是其中非常重要的一环，它们静谧地散落在城市的角落，寻溯着城市的味道。如果有一天，我所在的城市里的人说，济南不仅有把子肉，不仅有烧烤，不仅有烤地瓜，还有一家叫作想书坊的书店，那才是真的死而无憾了。

我的耳边时常充斥着这样的声音：某某书店倒闭了，某某书店关门了，你做什么不好偏偏要做书店？你逞什么英雄？一个城市的文化氛围，本就不是一个人或者一家书店能够承担的，我也无意成为有些人口中的"英雄"。

我知道，当没有多少人愿意从事这个行业，当这个行业意味着巨大的风险时，开书店仿佛成了一个媒体人的责任担当；我更知道,遭受残酷的资金压力,面临各种成本的核算,哪怕长夜痛哭,我和我的伙伴们也从未想过撒手不干。

也许,这只是一种执拗。作为一个爱书人,我深深地知道读书的意义:每个人都只能拥有自己的人生,但读书,却可以让我们拥有人生另外的可能。知人,阅世,方能见天地。

那样寂寞和艰难的日子,我们都挺过来了。如果你来到了一个有想书坊的城市,可以过来转转,因为这家店里,真的有光。

我想,陪你走很多的长街小巷。

我想,跟你度更多的春夏秋冬。

我想,带你辗转却不流离。

我想,给你热烈而又安稳。

这里是想书坊概念书店。

想 书 坊
THINKING HOUSE

开业时间:2017 年 7 月

济南 CCPARK 店:山东省济南市历下区 CCPARK 创意港四楼东首

济南全运村中央广场店:山东省济南市历下区全运村中央广场

一楼北侧

青 岛 店:山东省青岛市西海岸新区海上嘉年华澳乐购 A123

潍 坊 店:山东省潍坊市寒亭区通亭街亚星路口北 500 米东

德 州 店：山东省德州市齐河县南部黄河生态城祝阿小镇

烟 台 店：山东省烟台市高新区绿地德迈

万象新天店：山东省济南市历城区工业北路东段天鸿公园大道

春风书社：山东省济南市槐荫区青岛路与顺安路交叉路口

西行 700 米路北杨柳春风生活美学馆

公 众 号：想书坊概念书店

微 信 号：womendeshudian2017

书店格言：一盏灯，一本书，一群朋友，一种温暖

⑩ 小众书坊，以诗立店

彭明榜
北京小众书坊创始人

这两年，常有人问我："小众书坊在哪儿？"

我总会回答："北京东城，南锣鼓巷边上后圆恩寺胡同。"

如果是加了微信的，我会随手发个位置图。

后圆恩寺胡同，虽说就在南锣鼓巷边上，胡同里有蒋介石行辕，有茅盾故居，但行人却很少。

小众书坊开在后圆恩寺胡同甲 1 号的四合院里，要先走进入四合院的朱漆大门才能找到。有一年多的时间门口没有挂店招，一副关门开店的傲娇模样。

有读者偶尔走进来，总会显露出一种"发现后的惊喜"表情，然后就会关切地问道："这样的书店怎么活啊？"特别是看到我们是一个以诗歌主题的文学书店后，更加好奇："怎么想起要开一家这样的书店？"

我并不担心这家书店怎么活，因为我们对这家书店从一开始就有很明确的功能定位。

2017年5月1日，我正式从中国青年出版社出来，创办了由中国青年出版社、天津跨界文化和我本人合资的北京小众雅集文化传媒有限公司。

在此之前，我在中国青年杂志社和中国青年出版社做了将近24年的编辑。之所以离职创业，是因为眼看还有六年多就要退休了，而我并不想退休以后整天用晒太阳来打发日子，我还想延续我所热爱的编辑出版生涯。于是，我确定我要创办一个合资的出版机构。

在我的创业设计里，初衷就不想在写字楼里办公，我要租个地方开书店，公司就在书店里办公，也就是"前店后社"，书店是公司的标配。

等于是把租写字楼办公场地的费用挪来开了一家书店。换句话说，开这家书店并不完全指望它卖多少书，能卖当然好，多多益善；不能卖，或者卖得不多不好，也不至于担心活不活得下来，就当我租了个书店来办公。

一般来说，大多数书店都是向外进行复合型的经营和延伸，比如在图书之外，加咖啡餐饮、文创、活动、课程培训等。而小众书坊除了一般书店的复合型经营，更多的是向内挖掘其多种功能的复合和延伸，它在一个公共书店的功能之外，又叠加了公司办公、图书展示窗口、自己活动的落地空间、公司的文化客厅、北京及全国诗人（作家）聚会的场所等功能。这些功能累积在一起，使其发挥的作用相较于一个单纯的书店而言，已经物超所值。也正是因此，我们才能做到以极其平和从容的心态来运营作为书店的小众书坊。

我常说，小众书坊是北京最清静的书店，希望它的读者每天有 20 人就好。我这样说，并不是不欢迎更多的读者来，而是希望来的都是真正的读者，来了以后，能有一个安安静静的与书亲近的环境、与朋友亲切交谈的环境、独自发呆看流云树影的环境。这样的环境，是我一直以来心向往之的书店的环境，也是我所认同的书店的核心价值之一。

至于为什么会是一个诗歌主题书店，要从我本人的阅读和出版经历说起。

20 世纪 80 年代初，我也曾是一个狂热的诗歌读者。有五年左右的时间，我阅读了很多国外著名诗人的作品，也曾手抄过《舒婷顾城诗选》、泰戈尔的《飞鸟集》等。

1986 年，我去重庆读研究生，记得只带了两本书，其中一本就是《叶赛宁诗选》。但也是从 1986 年起，由于就读研究生专业是中共党史，从此和诗歌断了关系。

兜兜转转，30 年光阴过去了。

2015 年，并不认识一个诗人的我，策划并责编了"中国好诗·第一季"（10 种）和《2016 天天诗历》；2016 年，接着责编了"中国好诗·第二季"（10 种）和《2017 天天诗历》。这套丛书和诗历获得了诗歌圈和读者们的认可，从此我重新找到了年少时对于诗歌的热情。

因此，我将自己创业的公司定位为以出版中国当代诗歌为主的小众出版公司。除了基于我对诗歌的热情，也基于我对出版业的判断。在文学出版领域，小说、散文、儿童文学等领域竞争极为激烈，诗歌领域的中国古典诗歌和外国经典诗歌也已经进入大众出版范畴，竞争也有了一定的烈度，只有中国新诗的出版仍是一个洼地，多数出版机构都不屑进入，因为这个领域在大家的眼里不挣钱，事实上也挣不了大钱。而我们作为一家小众的创业公司，不挣大钱没关系。而且，从出版价值而言，诗歌对于社会整体和读者个体的精神塑造作用，是其他文学形式不能比拟的，总得有人不因其挣钱少而去做。

小众公司的出版方向既然定位为诗歌出版，附着于公司的书店注定就是一家诗歌主题书店。在我离职创业之前，曾开了一个微信公众号"小众书坊"，展示自己编辑的各类图书，并宣示像手工作坊的工匠一样做书的理念。待到要开书店，这个名字很自然地被用过来。

对于"小众书坊"的英文翻译，我坚持译为"Poetic Books"，意思有两层，一是指书店卖诗意的书，二是指要诗意地做书。现在的"小众书坊"，实际是两个品牌，一个是作为实体的诗歌书店的品牌，一个是作为出版的诗歌读物的品牌。细心的读者走进小众书坊都会发现，我们自己策划出品的图书上都有一个"小众书坊"的标识。

开书店的同行常常会想当然地以为小众书坊既然是这样一个定位，卖书似乎可有可无。其实，要真这样想就错了。

小众书坊作为一家实体书店，我们对它的要求：一、必须是一家货真价实的好书店；二、必须多卖书，卖好书。事实上，和国内任何一家100平方米左右规模的书店相比，小众书坊在图书的有效销售上不敢说是最好的，也应该是比较好的。

之所以能做到这一点，原因有几个：一是明确的诗歌主题定位，使其成为国内诗歌作者和读者都知晓的主题书店，不少人从全国各地慕名而来，这些人是小众书坊的真正读者；二是极其重视图书的选品，不仅重视好的内容，还要重视好的装帧设计，使书店里的书整体呈现出一种真正有诗意的较高品位，并有足够多的品种供读者选择；三是围绕诗歌主题和文学主题高频次地开展活动，使其成为京城诗歌和文学的活动中心，并带动图书的有效销售；四是线上线下互动，不只是在实体书店里销售，还通过微信公众号带动有赞商城、淘宝店和京东商城上的小众雅集图书专营店的销售，服务全国的诗歌读者。

　　小众书坊才二十多个月，还是一个不到两岁的孩子，虽然不好说它会有怎样的前程，但目前它成长的样子还是让人惊喜，惹人怜爱。作为一个入行书店业不到两年的新人，我对于实体书店的认知完全来源于对小众书坊的感受，难免褊狭，但我仍然愿意将之呈供于此，以供同行指教。

　　实体书店，特别是独立书店，我认为适合于"不大不小"。所谓"不大"，就是营业面积不宜过大，书毕竟是小本生意，支撑不起过大的营业面积，而且我去过一些很"美"很大的书店，说实在话，从一个读者选书购书的体验来说，并不见得有多好，只是让人眩目而已；所谓"不小"，就是营业面积也不宜过小，太小了没办法做活动，发挥不出书店作为公共文化空间的职能，很难产生社会影响力，也很难带来有效销售，其结果往往会挣扎在生存的困境之中。

　　现在图书市场品种繁多，而且大量劣质书淹没了好书，人们选择起来极其困难。这就对书店提出了精准选书、服务精准读者群的要求。主题书店或许是大城市里一些独立书店现实可行的选择。

主题书店，一目了然，既划定了图书范围，也圈定了特定的读者群体，同时也使自己从大量同质化的书店堆中脱颖而出。当然，要开好一家主题书店，对店主的要求会更高。店主必须具备在同一主题领域垂直打穿的能力，具体说来就是要具备把握本主题下的图书内容选择、有创意的活动策划、邀请本主题领域有影响力的专家前来"坐堂"等方面的能力。

对于实体书店而言，应该做"实"，不应做"空"。实体书店之"实"，还是应该在书上下功夫，用好书将其充实。读者到一家书店，无论是购书还是阅读，都是为了要与好书相遇。

我始终相信，读者会奖励一家总是有好书的书店，市场同样也会。

小众书坊
Poetic
Books

🕐 开业时间：2017 年 6 月

🪧 小众书坊：北京市东城区后圆恩寺胡同甲 1 号

🪧 雍和书庭：北京市东城区和平里西街雍和宫壹中心北下沉庭院

👤 公 众 号：小众雅集

💬 微 信 号：PoeticBooks

💡 书店格言：匠心出版，诗意生活

读创生活之美的精神家园

苏朋范
西安古西楼书屋创始人

　　我叫苏朋范，笔名西楼，西安古西楼文化传播有限公司创始人。生于古城汴京却扎根于古城西安。打小我就是个嗜书的孩子，为了向同学借阅一本书，沉默寡言的我愿意说上平常十倍的话；来到西安上大学时，特别喜欢李清照的词，"雁字回时，月满西楼"成了一种奇美的守望意象。西楼，那是一种追寻，一种守候，一种与挚友佳朋把酒言欢的心水之处。也就是在 2000 年的那年，我在校园里定格了我的笔名——西楼。

　　大学四年匆匆过去，因为条件限制，我离开了眷恋的校园早早工作，在男性优势明显的建材行业，几经磨砺，凭着自身努力最终创收还算可观，业绩千万的优渥让我渐渐忘了最初最简单的念想。

因为工作性质，走南闯北，穿梭各地。那一年拓展业务，我到过非洲。未曾想，这一趟非洲之行竟让我的人生轨迹完全扭转了方向——那片广袤大地上人们最真诚纯粹的生活，唤醒了我沉睡已久的梦想。

我开始思考自己真正想要的生活。抉择、辞职、考察、构思、创业，一切很神奇却又合理地发生了。

我在西安城墙正北门前遇到了一个三层楼的房子，这是一栋简陋失修的小楼，每天都有无数熙熙攘攘的游客、居民视若无睹地从它的两旁穿梭而过。在大多数人眼里，西安是座没有夜生活的城市。

如果在安远门下，在西安古城墙脚下的安静一隅，燃起彻夜不熄的灯火，能给城市里无处可归、寻觅宁静的人一个逗留停歇的驿站，该是多美好的事情。

如果能在无限的长安有味地生活，和你在西安的街头邂逅不打烊的文化，又是多么神圣的一件事情。

建一所 24 小时的独立书屋！给有梦的人，爱读书的人，孤独的人，一处栖息地，成了一件让我魂牵梦萦的事。

为此，我和一群志同道合的朋友没日没夜地投入实现梦想的建构。整个书屋的名字——古西楼书屋，油然而生：

古：（古都）十三王朝，古风悠长，一个民族的气节和初心存于此

西：（西方）西安，西方净土，灵魂的乐园存于此

楼：（阁楼）楼外楼、天外天、人外人，抒发情怀存于此

坚持把遇到的小楼称作"书屋"而非"书店"，因为我的心里始终有"尸至（身归）"而非"广占（买卖）"的理念。随着古西楼书屋种子的落土，它不再是个无生命的个体，而因梦想而被赋予了意义，随着墙体、空间一分一毫的变化，逐渐铺满这方小楼。

书屋"24小时营业"的模式在西安是否能实现？我和几个创办人不停地探讨，近几年来这个理念方兴未艾：最广为人知的有台北的诚品书店，东京的BOOK AND BED TOKYO（东京书与床），而不太被外人知道的是不断在中国各大城市落成的一系列书店——北京三联韬奋书店、雁翅楼中国书店、广州1200bookshop……

通过走访，发现其实西安也未落后潮流，曾有几家老书店都尝试过24小时营业制，但最终相继作罢，后来仅存某个"24小时概念书店"。这是不是意味着24小时书店在西安没有发展前景呢？

通过探访研究，我们认为"24小时书屋"面积不能太大，不仅节约成本，还利于营造温馨感；也不能开在商场里，必须独立出来，这样才没有时间和空间的限制。24小时书屋应该以舒适为主，用厚重敦实的原木桌，轻轻伸手就能够到心仪的书籍，微微偏头就能看到心旷神怡的景象；还应有绿植、私人空间，抑或能找寻自己心仪的那一卷繁盛，绽放层层叠叠花瓣的小雏菊，迎接着落地窗前慵慵懒懒的阳光。

经过数月日日夜夜的筹备与建设，终于，在2017年5月28日，古西楼书屋娉婷玉立于古城西安。

从书屋营业以来，最让我难忘的就是读者们的故事。

2017年5月21日，书屋试营业的第二天，一位读者在桌子上悄悄地留下了一封暖心的信。信中有对书屋的期待，有对我们不足之处的指正，有对我们热心的建议，还有对我们最衷心的祝福，感动了古西楼书屋的全体工作人员。

张晶是位专栏编辑，交稿日马上就到了，却始终理不清思绪，于是她习惯性地在城市里乱走，在穿过安远门的时候，遇到了古西楼书屋。一天一夜的时光里，她坐在三楼的窗边，在恬静的柔光陪伴下，电脑上的稿件已经完结，在书屋的留言册里，也留下了深情的文字。

某天，一个很不开心的读者，对着正在和好久未见的友人小声交谈的我大吼："你怎么那么吵？听说你还是老板呢！这里不是书屋吗？不是读书的地方吗？太让我失望了！"接着扬长而去，只留下我原地发呆，至今难以忘怀——责怪着自己的钝感和不体贴，要是找他聊聊，说不定可以帮到他。

一位来自南方繁华都市的他，在而立之年毅然决然地辞职旅行，背着包，看过了拉萨的经幡，挨过了吐鲁番的烈日，兰州拉面、汉中米皮、西宁羊羔——品尝过，却从未被打动。就在那个风尘仆仆赶到长安却无处可去的夜晚，这束城墙下的灯光，那杯清淡微寒的陕茶，沁人心脾，让他难以忘却。

某个寒冬的傍晚，一名六十多岁的老人出现在书屋门口的草坪上，已经连续待了5个夜晚，任谁邀请老人进店或劝其回家均被老人拒绝，经过书屋的呼吁，引起很多书友和社会人士的关爱，老人最终被家人接走。

人生中最美好的礼物，也许是来自陌生人的信任和期盼。这些故事，每天都在古西楼书屋上演着……

绝版藏书、专题分享会、茶话读书会，独一无二的专业成长式灵魂书柜，一线引导式成长阅读。观世界、听心声、知古今、养品味、乐生活、长灵性，以及女性专题、典藏书籍，这就是我们的古西楼，致力于引导读者"读创美好生活"。

在喧嚣世界中点燃迷人的书香，在文化厚土中开辟一片乐土，让优雅和文化的质感奏响24小时的旋律。为世界找来每一本散发馨香的图书，为每本图书相约一次珍贵的共鸣，为每一段相遇提供美好的舞台。

在这里，你也许没办法找到最全的藏书，那样的"浩瀚"其他大书店早已提供；在这里，你也许没办法买到最丰富的工艺品，那样的"精致"文化街区十分浓厚，但真挚的清净绵长的光阴，只有在这里，在古西楼的空间里才能感受。我相信，我们古西楼书屋精心筛选过的满满的书架，可以让读者找到答案。

我们寻觅着更多开办书屋的人，和我们一起让古城四角都亮起彻夜不灭的灯光。我们也期盼着、等待着更多拥有读书情怀的人，静静心，读读书，期盼着某晚失眠或者回不了宿舍的你，在城墙脚下，拥有静稳悠长的一夜。

读书是人类与自我的持久对话。

读书是对自我的革命和决裂。

基于对读书的喜爱和对美好生活的向往，在十三王朝之都的西安，城墙的北门，我们设置了一个观察世界的支点和追寻美好生活的起点。

　　不管你的灵魂在何时醒来，在西安古城都有这么一个角落，供你阅读、歇息。即便你沉沉入梦，我们也愿意守候，不眠不休。

🕐 开业时间：2017 年 5 月 28 日

🪧 北大街店：陕西省西安市莲湖区北大街 209 号

🪧 凤凰大厦店：陕西省西安市莲湖区北关十字吉祥凤凰大厦三楼

👤 公 众 号：古西楼文化空间

💬 微 信 号：GXLSW24

💡 书店格言：读创生活之美

开一家书店改变一座城市

12 苑 峥
吉林城市之光书店创始人

游学归来

2007年，我从吉林市第一中学毕业。2016年，我回吉林开书店。中间差不多十年的时间，我都是在外游学，可能年轻的时候都想着去远方。2011年大学毕业后，我去了美国读研并工作，期间最常去的地方就是图书馆。

美国的二手书很便宜，流通量也很大。经常在超市就可以看到一美元的打折书出售。美国的社区图书馆很多，借书是免费的，全市所有社区图书馆都是联网的，可以在任何一个社区图书馆还书。图书馆提供免费的饮用水和自习室。就像博尔赫斯说的："如果真的有天堂，应该就是图书馆的模样吧。"

2013 年回国后，我换了几份工作，走过很多城市，但每到一个城市我都会首先选择逛书店。每一家书店就像是一个城市的名片，代表着一个城市的格调和底蕴，对于那些一直坚守的老书店、小书店，我是满怀敬意的。记得 2013 年，慕名从深圳到广州特意造访博尔赫斯书店，在那条小街走了几个来回也没有找到。后来在一家店旁边找到一个狭窄的楼梯来到二楼，一眼望到底，整个书店就一个屋，目测只有 10 平方米左右，一位先生独坐在桌后看书，从我进来到出去都没抬头看我一眼。不明觉厉。

2014 年到 2015 年，我在新东方教英语，跟学生们聊天，我发现很多人大学毕业后很茫然，没有思考过自己的兴趣和特长是什么，到底想干什么，出国、工作、考研、考公务员，大多临时抱佛脚，基本都是听从父母、同学的安排或建议。我觉得贯穿整个青少年时代最重要的问题就是：我是谁？要先了解自己，才知道自己想要的生活是什么。我想开一家书店，让人们能在其中找到自己想要的生活，所以，我在书店的桌子上都立了一块牌子："你想要的生活从选择一本书开始。"

2016 年 3 月，我辞去了上海的工作，准备回吉林开一家书店。这时候的我其实对如何开书店并没有很明确的思路，只是怀着满腔的热情，觉得我一定可以把这家书店开起来。上大学时读过一本美国人刘易斯写的《书店的灯光》，就按照书里的画面去布置：墙上挂着圣贤的照片，从地板摞到屋顶的图书，夜幕降临后亮起暖暖的灯光，可以让人惬意地看书。

我特别喜欢郑愁予的一句诗：是谁传下这行业，黄昏里亮起一盏灯。我觉得每一个城市都应有一束光，它可能很微弱，但能在黑夜里指引着读者，温暖着城市。所以，我把自己的书店起名叫——城市之光。

　　创业之路是艰难的，尤其是开始的时候。首先要面对的是来自家人的压力。放弃了高薪且是自己专业领域的工作，却转而进入厮杀激烈的传统零售行业，可能任谁都不会认为这是一个明智的选择。然而有些事情总是要有人去做，我感受到内心一直有个声音在召唤。

　　最初，我的想法是开一个集图书、咖啡、文化创意产品、讲座、电影于一体的综合文化场所。为此，我去上海、北京、天津和长春等特地考察了一圈。考察回来之后信心满满的我，开始进行书店的选址、设计、装修、图书、咖啡设备的购买，以及员工招聘，除了书和咖啡是标准化产品无须操心之外，其他每一项都令我头疼不已。设计师不逛书店，不了解我的想法，与工人之间也难以沟通，商场则有很多限制。最后的结果就是耗了一个月，花光了积蓄之后，我的客厅堆了满地的书，而书店连影子都没有看到。我赔偿了商场的违约金，遣散了员工后，独自面对着一客厅满地板的书，那时候真是"衣带渐宽终不悔，为伊消得人憔悴"。

　　就在我一筹莫展的时候，出现了一线转机——偶然的一天，我望着满地的书，突然想起日本的福袋，由于价格实惠而且限量，往往刚一推出就被抢购一空，于是我也想做一个图书福袋，100元帮你挑三本书。想到就做一向是我的风格，就这么在朋友圈里小试一把，没想到当下就卖出五袋。通过朋友以及朋友的朋友再介绍，福袋被陆续寄往长春、北京、天津、成都、上海等地。图书福袋活动就这样诞生了，并一直延续到现在。我觉得抛开赚钱的问题，如果我挑的书真的可以给朋友和朋友的朋友们带来惊喜和阅读的快乐，这件事情也是蛮有意义的。

与此同时，朋友的创意市集也张罗起来了。散落在吉林市有创意、有生活态度的年轻人聚在了一起，我也去凑个热闹。北北给我的书摊起了个名字：书苑。

在市集摆摊的时候，我发现大家买书时常常有两个问题：一是不知道自己想要读什么，书太多，往往挑花眼后就干脆放弃了；二是担心自己没时间读书。两者结合的结果就是只凭看封皮买的书，回家拆开包装后发现自己不感兴趣，就再也提不起兴趣去啃厚厚的一本书，于是一本书没翻几次就被放在角落里接灰了。

如果我能做一个关于书的微信订阅号，每周推荐一到两本书，可以帮助大家减少买错书的风险；如果不愿买书，那么每周抽出几分钟时间看看书评，也是个不错的选择。于是我想做这样一个订阅号，希望包括我自己在内的许多人可以通过阅读来提高自己，名字已经想好了，就叫"谦谦阅读"——谦谦君子，温润如玉。当有一天订阅的人数破百破千乃至破万，那时候我再做一些线下活动，去一些有意思的地方和大家一起聊聊书，喝喝咖啡，度过一段美妙而又充实的时光。

讲到这里，我的书店梦看似又回到原点——还是没有开起来。其实不然，之前遭遇的困难与挫折让我清楚地认识到，做书店并不是一件光有热情就可以完成的事情，所以现在我选择从自己能力范围内的事情开始做起——自己看书，建立微信公众号，为大家写书评，推荐好书。等到时机成熟，我再开一家实体书店，成为吉林人读书的好去处，还会把书架放进火车站、候机楼、医院等地方，让更多的人可以随手得好书。

第一家店：街角的小书屋

虽然我暂时将开实体书店的行动搁置，但我的想法始终未停止。

2016年7月，路上开车的我偶然看到街角一家车行在出兑，我和同学马上租下——华山路回迁楼一号楼一单元的门市，自己动手和水泥，修缮门前场地，自己刷涂料修复墙面，自己去装修市场买材料，每天造得灰头土脸，跟装修工人一模一样。

2016年10月1日，城市之光咖啡书屋开始试营业，白天是咖啡书屋，书可卖可读，晚上变身一个迷你酒吧，也会卖一些简餐。书店一营业就获得了很多人的关注，因为城市之光书店是一家新型书店，所谓"新"体现在：书不再是商品，而是一种媒介，人才是核心。城市之光书店是一个提供知识和美的地方，每一个细节都有设计的考量，书也是精心挑选的，我认为现代都市人不仅需要好的阅读，也需要看好的展览，喝好的咖啡，听好的音乐，用好的生活设计品。我们致力于为城市中的人们提供、寻找一种健康可持续的生活方式。与其说城市之光是一家书店，不如说我们是城市生活的提案者。

各种自发形成的小团体，定期在书店举行聚会或者分享，电影之夜、手作课堂、小型艺术展等各种形式的活动开始进入大众的视线。年轻人从各地聚集而来，感受书店的自由氛围。信息从四面八方汇聚，在这里进行交换，城市之光书店一时成为"潮流的聚集地"。很多学生来这里自习，自由职业者也会来这里办公。

1. 书选 & 书展

书不仅仅承载着信息，还连接着人们的记忆与往事。我希望把精心挑选出来的书，再卖给某个读者。书从一个人的手中传递到另一个人的手中，让好书与好人相遇，书店存在的价值就在于成为"传承思想的场所"。所以，选书就显得格外重要。我们挑选的书是要和我们书店气质相吻合的书，每周通过讨论后再选书、进书，有些书卖光了还需要补货，我们补货的书都是经得起时间考验而留下的值得传承的思想。

书店不仅卖书，我们还经常举办一些移动书展，让书店与读者相遇。迄今为止，我们在电影院、商场，还有各种创意市集都做过书展。未来，我们还会做流动的图书车，把好书送到更多人的手里。

2. 咖啡 & 酒

咖啡与书是完美的搭配，一边品啜着香浓的咖啡，一边欣赏优美的文字和智慧，身心愉悦。做咖啡，我们也是认真的。为了保证咖啡的品质，我们自己烘焙咖啡豆，选用在业内被称为"咖啡机中的劳斯莱斯"的 La Mazocco 意大利进口咖啡机和咖啡豆研磨，每月进行口感校正，去上海参加展会学习。

同时，我们也在本地传播精品咖啡文化。如今，世界正兴起第三波精品咖啡的浪潮，我们通过订阅相关杂志、书籍，邀请咖啡师做分享和教学，让更多的人了解咖啡并喜欢上咖啡。

和精品咖啡类似，现在精酿啤酒正大行其道。与工业啤酒相比，精酿啤酒强调的是口感的丰富性，我们不仅经常组织精酿啤酒品鉴会，也和厂商合作，订制书店自有的精酿啤酒。

3. 主题活动

书店是一个城市的会客厅，会定期举办各种形式的文化交流活动。

城市之光书店自开业不到一年的时间，举办过大大小小的活动四十余场，结识了城市之中各行各业有趣的人：新媒体运营、摄影师、音乐人、咖啡师、主播、画家、作家、花艺匠人、手工皮具师、电影导演等。

我们做活动的理念就是给这个城市的人们更多选择，让人们有机会培养自己的兴趣爱好，结识和自己有共同爱好的人。通过微信订阅号及新媒体的运作，我们把好的活动信息和理念传播出去。目前我们的订阅号订阅人数已破万，订阅者遍布全国各地。

4. 书店住宿 & 旅游产品

一座城市应该有一家书店，一家书店会成为人们去这座城市的理由。

人们说到先锋书店会想到南京，说到诚品会想到台湾，说到吉林，我希望人们会想到城市之光。我们在书店里提供住宿服务，就是为了让异乡者在吉林也能感受到家的温暖。

我们与北华大学艺术院系的学生合作，推出城市之光系列手绘地图，包括高校地图、美食地图、吉林市风景名胜地图等，还有配套的明信片、T恤衫等旅游文创产品。让来吉林上学、旅游的异乡人在离开吉林的时候，能够带走美好的回忆。

5.共享图书

城市之光书店为有阅读需要的单位及个人提供"共享图书"服务，一方面让好书流动起来，一方面让读者更加方便地借阅或购买好书，另一方面也让提供场地的第三方把场地充分利用起来，减少经营图书的压力，提升企业品牌的形象，增加客户流量。

城市之光书店推出"点亮城市"计划，旨在整合社会资源，发挥各自区域和宣传优势，让书店不再受房租和人工等诸多制约。由合作方提供场地，我们提供图书，读者可以或购买或借阅，就近还书，让买书和借书像共享单车一样方便。

第二家店：书店＋延伸各种可能

书店是一个文化交流的空间，不仅限于图书。实体书店现在面临的困境，主要是房租和人工以及网上购书和电子图书的冲击。我认为，书店可以借助共享经济思维找到新出路。通过众筹，让图书共享、空间共享、资源共享；通过众筹，找到一群志同道合的人一起做一些有意思的事。

经历了将近半年的准备，终于在 2017 年 12 月 22 日，城市之光第二家书店开始试营业。书店位于世纪广场购物公园地下二层，面积近 800 平方米，以当代审美为核心，涵盖书籍、美学生活、植物、摄影、服饰、展览空间、文化讲座与咖啡餐饮等，打造成吉林的"城市公共阅读客厅"。

在这里，你可以自由选择喜欢的位置，轻松地坐在散座区喝一杯香浓的咖啡，翻看着手机朋友圈；安静地坐在窗边的卡位区读书、听音乐，冥思苦想抑或自顾自地放空发呆，心情好的时候还可以和路过的行人相视一笑；或者选择相对私密的洽谈区，和朋友聊天或独自看书。

坚守初心

创业不容易，书店每天早上 9 点半开门，晚上 10 点打烊，回到家再编写订阅号，差不多就 12 点了。加班谈不上，因为根本没有固定的下班时间。一次工人把书架尺寸做错了，晚上 10 点多也得赶去工地。

忙起来只能点外卖，更有时忙得忘记了吃饭。有的时候，觉得自己一个人很难，谁也帮不了你，只能自己去面对，非常苦闷。但当活动成功之后，有人愿意参与你组织的活动并倾听你的讲话，你又会觉得很有成就感，很有自豪感。最难的是还要营利，在公益和商业之间找寻平衡点，焦虑已经成为一种常态。

放平心态，我觉得很重要。

从旁人角度看，可能觉得书店老板应该是最惬意的职业，每天就是看看书，喝喝咖啡，和客人聊聊天。其实不然。筹备第二家书店的时候，心态几近崩溃，每天都很沮丧，因为要面对各种问题，或者没有人告诉你该怎么做，或者有很多人告诉你该怎么做。每个夜晚都会暗自悔恨，为什么要开书店？每天都要自我调整心态，坚决不能崩，做好打持久战的准备。须知和你竞争的人，可能是做了十几年才有现在的业绩，自己才刚开始。

城市之光书店曾举办过音乐派对、读书会、手作课程、策展活动，建成并开放了大型公共阅读空间的新店，举办公益讲座等服务市民的活动，更与其他城市的独立书店进行多次且深入的交流。没有人告诉我应该怎么做，都是摸着石头过河，毕竟大学时还没有一个专业叫作"书店管理学"，很难说大学时学过的线性代数对我现在开书店有什么帮助。

人生百转千回，命运也很奇妙。你读过的书、走过的路，都有可能成为你书店的一部分。以前每到一个城市都喜欢去逛逛书店，泡泡咖啡馆，这些都是开店的灵感来源。当然还是要回到初心，只有做自己真正喜爱的事情才能坚持长久。

一个人走得快，一群人走得远。一件事绝不是一个人的力量就能达成的，需要有合适的人在不同的阶段加入进来，我希望有更多有想法的年轻人愿意加入这个行业。

2019 年，我果断叫停了另外两个书店项目，给自己个机会喘口气，也重新开启思考模式，怎样做一家"好"书店？如何做一家"有温度"的书店？

书店不应该只是冷冰冰的商业模型，它应该成为一个城市年轻人的心理出口和认识自我、思考生命的去所。一座城市的未来在于年轻人，而一家书店能为年轻人做点什么而去改变一座城市。

我希望书店就像它的名字一样，像一束光照亮这座城市。

城市之光書店

开业时间：2016 年 10 月

世纪广场店：吉林省吉林市丰满区世纪广场购物公园
　　　　　　迪卡侬扶梯下至二层左侧 50 米

财 富 店：吉林省吉林市昌邑区重庆街 1367 号财富广场 3 楼

中 环 店：吉林省吉林市丰满区华山路与中环西路街交汇处

公 众 号：城市之光谦谦阅读

微 信 号：qianqianyuedu

书店格言：一家书店就是一座城市，人们日臻完善的精神
　　　　　自我居住其中

⑬ 径须从此去，深入白云堆

云 朵
珠海停云书房创始人

　　想来，停云书房的"停云"二字，皆因我最爱的词人辛弃疾写的《临江仙·停云偶作》而起：

　　　　偶向停云堂上坐，晓猿夜鹤惊猜。
　　　　主人何事太尘埃。低头还说向，被召又重来。
　　　　多谢北山山下老，殷勤一语佳哉。
　　　　借君竹杖与芒鞋。径须从此去，深入白云堆。

　　在这首美丽的词作里，有陶渊明的霭霭停云思亲友之意，有辛弃疾想念家中晓猿夜鹤的归心，有恰好的停云书房所在地古村的名字——北山，有久在樊笼里复得返自然的竹杖与芒鞋，有径须从此去、深入白云堆的逍遥自在，有满篇挥袖自去的隐逸仙气……

加之我的名字是云朵，我想要在珠海，在这座我深深眷爱的城市中心，于一个美丽淡然、荣辱不惊、唤作北山的古村落停留下来，停在一座两百多岁的古祠堂里，做我想要做很久的事——建造一间梦想之中的书房。

梦想之中的书房是什么样子的呢？它，大隐隐于市井，有着百岁的参天古木、深邃古井、茂林修竹的古老庭院，有着温暖安静的从容朴素，有岁月悠游不尽的前尘往昔。我与我的朋友们，在这花开花又落的书房院落里，一起分享美好阅读，收集闪光思想，探寻文艺与生活的美。

经历将近一年的筹备与建造，两年多点点滴滴笨拙的积累坚持，终于有了停云书房今天的模样。

常有人问，停云书房，为何叫"书房"，而不是"书店"呢？

想说，书房，有更个性化、私人化的阅读分享空间，书在书房，不仅仅是商品，更会有被眷爱珍视的意味。

在书房，可以苔痕上阶绿，草色入帘青。书是交流的媒介，人们因书而来，聚在一起，谈笑有鸿儒，往来无白丁。在这网络时代，一群依然热爱纸本阅读的人们，聚在一起，筑一座小小的风雨长亭，一起读好书，口齿留芳，一起调素琴，阅金经，无丝竹之乱耳，无案牍之劳形……

然而，书房的创建与营运，实在不如想象之中如此这般写意，尤其是在书房建造之初，有段时日，必须事事亲力亲为，每日早出晚归，十分辛苦，加之各种紧张、摸索中的莫名压力，扛不下去了，最终哮喘发作，我住进医院开始打吊瓶。

无奈地躺在医院的病床上，不自觉又刷了一遍李安的影片《卧虎藏龙》，不知为何，每当我人生遇到低谷或瓶颈之时，总会不自觉地去刷李安的电影寻找安慰。当看到李慕白说"……把手握紧，里面什么也没有，把手松开，你拥有的是一切"时，忽而释然。

于是，好好休养了一段时日，待病愈修复之后，开始学着慢慢松开手，慢慢来，让一切顺其自然，水到渠成。

慢慢来，随着时间的累积，越来越多的艺文内容，慢慢填满了停云书房所有的时间与空间，书房朴素的原木格书架上，摆满了我亲自精心甄选的各类新旧好书，搭配着从各地旅行中搜罗带回的小玩意，每一格书架都用心布置，自成一格，成为一个拥书而成、美轮美奂的小空间。

每个周末，停云书房都会有各种阅读、咖啡、艺文分享，以及琴棋书画、电影、艺术、旅行、摄影等的聚会活动，相同气息的人们慢慢聚拢而来，使停云书房更具文艺气息，成了远近闻名的艺文打卡地。

我们定期在古祠堂内举办手作公益市集——"祠市集"。通过祠市集募集的旧书与募捐，陆续在云南、广东等偏僻乡村，建立了四间停云乡村公益图书馆，共捐出新旧图书 1.5 万本，于伸手可及之处，做力所能及之事，带动着身边的人们参与快乐公益，帮助乡村为留守儿童建图书馆，让他们在偏僻的乡村都能读到好书，因阅读而建立更美好的三观，开启更有宽度与深度的思考与眼界，展开更丰富的人生。

三年以来，我与伙伴们真的是马不停蹄、披星戴月，每日忙碌得分身乏术，但却是享受的。我想，我们已经深深迷恋上了这些以书房为平台搭建而起的各种有趣有意义的建造。

时光如水流淌，某日，蓦然想起，停云书房不知不觉已开业三年，一直不完美，一直在试业，竟然一直没有正式的开业仪式，好像真的因为忙而忘记了正式开业。悄悄地感叹，真的不敢相信，我竟然在这么美的地方，开了间这么美的书房，实现了我那么多年的梦想和心愿，而且，它竟然已经三岁了。

每年春天，是停云书房最美的时节。草长莺飞，春和景明，坐在书房的门口，一阵微风吹来，头上、肩上满满的簌簌落花，书房后300多岁的参天木棉老树，开得如火如荼如一大片笼罩在书房上空的火烧云霞，树下的古井里，也落满了大朵的木棉花，落花与木棉树的水中倒影相映成趣，已成了北山的春天一景。

"十丈珊瑚是木棉，花开红比朝霞鲜。"待春雨一过，盛放尽的木棉花，便啪啪啪地如子弹一般，掉落在书房的后院、瓦顶、古井和巷子里，小鸟们每天在树顶上飞来飞去欢腾不休，人人见了都甚是欢喜。

书房的前院，也就是杨氏大宗祠的前庭，还有两株著名的200岁的玉堂春，每到二三月，也是满树盛放，开得花枝乱颤，美得不知如何是好。每当花开时，远近的摄影师必奔走相告，纷纷携长枪短炮来拍摄。

玉堂春，也叫辛夷花，亦叫二乔玉兰，花大胜人手掌，这两棵玉堂春，乃清道光年间杨氏族人手植，树形苍劲秀美，花朵是非常瑰丽的深粉，姿色甚美，真的不愧恍若美丽的二乔。大乔小乔，实在是这古祠堂里最美的春色。

春渐深，青梅成熟，每年我必会在书房的檐下泡青梅酒，封存至来年的春天即可启封与朋友们分享。这时节，我们在院中种的几架百香果也初熟了，百香果开着又美又张扬的蓝紫色花，紫红色的果子圆圆整整，一切开，香气扑鼻，我们用来做书房的果茶与调饮，非常受书友们的欢迎。

夏天，雨水，台风，百香果的果子结了一茬又一茬，书房的小哥哥们，每天都在院子里摘果子，他们用心数了一下，只在一个夏季，竟然采到 1000 多个百香果呢！青蝉长鸣，古老高大的白玉兰树开满芬芳的白花，总是在雨后散发着若有若无的迷人香气，水葡萄、龙眼、芒果、木瓜、番石榴也慢慢成熟了，书房的院落里，真的是一年四季都不间断，每天开着各种各样的花，结着各种各样的果子。

入秋，天黑得早，傍晚时分的书房尤其美，以至每次书房打烊要离开时，我心里总有些不舍。

秋天的黄昏，书房琥珀般的琉璃光是最美的，书房的暖黄灯光，透过民国时期的彩色玻璃窗，透出的光华美得宛如梦幻。近晚，墨兰的天空映衬着老祠堂屋脊硬山顶的线条，中堂出檐下小狮子套兽的影子，走出书房门口，若遇上满月，院子里必洒满了一地如练的月华，月下必有低空绕着庭院盘旋疾飞的小蝙蝠，它们会吸血的不？为什么我总看不真切它们的模样？

一切真美，我常就这么欢喜赞叹着回家……

冬天，珠海照例是温暖如春的，书房院中每日的午后时光，最是美好珍贵，屋顶上有红鹎鸟在啄果子唱歌，阳光透过忍冬花藤，给坐在院中看书的人们的脸上打上了细碎的光影。我们坐在院中，或看书喝茶，或做手工，各自不紧不慢地忙着自己的事，两只美猫，黄色叫杨珍奇的是猫哥哥，白色叫杨云宝的是猫妹妹，它们或躺或卧于某个人的膝上，任凭人们抚摸。冬日下午的书房，每一寸的光阴都是金子色的。

如此平常的春夏秋冬，四季更迭，日升月落，朝花夕拾，这一切，平淡而珍贵。

至于停云书房的未来，我们似乎并无什么特别的期待，将未来交予未知，我们能做好的，便只是这伸手可及之处的力所能及之事，坚持不变的初衷，希望停云书房能一直平淡真切地存活于这城市的一角，能活多久是多久。

正如周作人先生在《知堂书话》中所说："在现今奇迹已经绝迹的时代，若要做事，除了自力以外无可依赖，也没有什么秘密真传可以相信，只有坚忍精进这四个字，便是一切的捷诀。"

希望停云书房可以不疾不徐地坚忍精进吧，成为百年老店，路漫漫其修远兮，我们离实现这个伟大的目标，还有 97 年呢……

停雲書房

🕐 开业时间：2016 年 9 月 1 日

📍 地　　址：广东省珠海市北山

👤 公 众 号：停云书房

💬 微 信 号：tingyunzhuhai

💡 书店格言：推行美好阅读，分享闪光思想，馈集与探寻文艺
　　　　　　与生活之美

14 书店里的深夜食堂，是最孤独和温暖的地方

江凌

重庆刀锋书酒馆创始人

2016 年，我在重庆开了一家独立书店，取名叫作"刀锋书酒馆"。

刀锋，这个名字源于毛姆的小说《刀锋》。这本书曾经深刻地影响了我的人生轨迹。书酒馆则是我自己创造出来的概念，卖书也卖酒，既是书店，也是咖啡酒馆。之所以会有书酒馆这个概念，一方面是为了走出传统书店的固有模式，探索一些新的可能，另一方面是自己非常热爱 20 世纪二三十年代的巴黎，想把左岸的花神咖啡馆、莎士比亚书店和小酒馆融合到一起，在重庆这座城市里打造一个自己喜欢的文艺场所。

店里的书有 8000 多册，每一本都是我自己挑选出来的，以自己的阅读经验和认知水平作为选书标尺，基本都是我认同的书。而且每样书都只有两本，一本拆封供阅读，一本塑封供售卖，没有多余的库存，卖掉之后我才补货，有时候发现一些书市场上已经无法进到货了，店里剩下的那本就不卖了，放到一个专门的绝版书区域。

"one for read, one for sale" 的设计，也是刀锋书酒馆被大家津津乐道之处，我想借由这样一个设计，提醒大家纸质书的某种稀缺性。店里类似这样的巧思还有不少：比如故意不按照传统分类来陈列书籍，而是制造出乱中有序的陈列法；比如把 Wifi 密码藏进书里，需要顾客自己去找；比如看过同一本书的人有可能通过书缘卡相互认识，尽可能让一家书店变得更加有趣好玩而不失内涵，这就是我对新型复合式独立书店的定位。

很多人都说我是个任性的书店老板，大概是因为我开店的初衷和很多人不一样，既不是为了情怀，也不是为了事业，甚至也从未有过开书店的梦想，只是人生的道路走到了某个节点，觉得需要有一家小店来承载当时的生活。而书店对我来说，是当时最符合我内心期待的一个选择。所以，刀锋书酒馆里融进了很多我自己热爱的事物：挑我喜欢的书，放我喜欢的音乐，做我认同的沙龙，最重要的是，将自己心心念念的深夜食堂搬进了书店里。

从几年前开始，就已经有不少人中了小林薰主演的日剧《深夜食堂》的毒，在全国各地都开出了深夜食堂，包括将深夜食堂搬进书店，我已不是第一人。非要说我的深夜食堂有什么不同，也就是高度还原日剧版深夜食堂这一点了。从吧台造型到菜单菜品，很多客人说就差我脸上画一道刀疤了。

而且，我做深夜食堂也着实有些任性。一开始自己下厨，营业时间不固定，能不能吃到靠运气，后来变成晚上 10 点到凌晨 1 点，现在是晚上 7 点到午夜 12 点。其中有选址的问题，也有国情的问题，就像很多人所说，中国的深夜食堂就应该是烧烤摊和大排档，那是充满了热情和生气的地方。而我的深夜食堂更像是一个安静而温情的聚集地，来的客人要么是日剧《深夜食堂》的死忠粉，要么是这个城市里孤独和不安的灵魂。

大概是因为我的深夜食堂开在了书店里面，加上我本身写作者的身份，这里从一开始就带上了强烈的故事属性，以至于很多人都恍然大悟地指着我说，原来你开深夜食堂就是为了收集写作素材。其实我最初还真没这样想过，开深夜食堂主要是出于对这部日剧的喜爱，另一方面也是希望书店能够有一处额外收入来增加营收，毕竟大多数人对食物的热情要比看书、买书的热情强烈得多。

你若要问这个深夜食堂里真的会有故事发生吗？老实讲，故事还真不少呢。很多人怂恿我将这些故事写成一本书，我也确实写了几篇，但是进展非常缓慢。因为很多故事并没有结束，在我写完后不久就有了后续的剧情，可是我并没有急着为故事补上结局，因为我知道真正的结局还没有到来。

其实在我的深夜食堂里，很多故事都是如此，它们正在发生，还在缓慢地展开，经历着生活的动荡与起伏，而不像日剧一样，在 20 分钟之内就可以演完，我希望我能够看到它们宁静而宽广的结局，然后再讲给大家听。

2018年的夏天，有一对情侣在我的店里分手了。当时，我坐在里面赶新书的稿子，他们俩在外厅喝酒，我完全不知道一段感情刚刚在这里画上了句号。后来，这个女生在公众号后台给我留言，说她再也不要来刀锋书酒馆了，她之前来过一次，很喜欢我们店，想带着男朋友一起再来，于是她在结束一段长途旅行回到重庆的当天，就约男朋友在我店里见面，没想到迎接她的会是分手。我不记得我是怎么安慰她的了，反正那些话都于事无补。最后我说，等你有了新的恋情，来店里我请你喝酒。

后来，书店做了很多有意思的活动，她在后台吐槽，说她很想来参加活动，却又不敢踏上这片伤心地；再后来，深夜食堂开始固定营业时间，她说她只能看看图片，不敢来吃，怕触景生情；直到前不久，她又留言说，总有一天她会来到我的深夜食堂，带着一个特别的人，向我讲述她的新故事。我很欣慰，这说明她已经走出来了。我希望有那么一天，能够看到她笑盈盈地出现在深夜食堂，我会给她倒上一壶酒。

当然，还有更多的故事，在我的深夜食堂里只能看到它们的一个侧面，不足以搭建出一个完整的故事，他们的住处离刀锋书酒馆颇远，大多是专程而来，匆匆一面之后很多人再也没有出现过，我们之间可能只有短暂的交谈和聆听，他们在我看不见的某个地方，继续着他们的故事。

一对带着孩子一起来深夜食堂的中年夫妇，丈夫讲起他人生中最低落的时期，讲起他10年前从外地来到重庆时的场景，甚至能回忆起当时坐的哪一路公交车，他放弃了在苏州创业致富的大好机会，决定在重庆定居，与当时的同伴走上了截然不同的人生，他不知道这样的决定是对还是错。妻子本来在外面看书，走过来听了一截，悠悠地说，哪有什么对错，人生的事情谁说得准呢。希望他们生活得幸福而美好。

一个有抑郁症的男生，两个朋友陪着他一起在深夜食堂度过了他的生日。零点时分，我们聊了很多形而上的话题，最后我送给他一支插在花瓶里的红色康乃馨，希望他能找寻到更多生活的意义。

一个想要成为中国最好的男装设计师的女生（一开始被我认成了男生），决心前往上海为自己热爱的事业打拼，离开重庆之前，她专程来深夜食堂吃了一碗地狱拉面，待到很晚才离开。我知道在相当长的时间里，我都不会在深夜食堂看见她，希望她载誉归来的那一天，这一片小小的深夜食堂依旧存在。

坐下来细细地想，才发觉深夜食堂来过的客人已然不少，我写下的只是其中寥寥数人而已。可是，当我在写这篇文章的时候才发觉，如果不加以渲染的话，这些故事读起来好像真的平淡无奇，若非身处其中，简直很难感受到那些触动人心的时刻。

我没有碰到过气的明星和得了癌症的少女歌手，也没有碰到得了诺贝尔奖的物理学家，更没有经常过来吃茶泡饭的三姐妹和坐在角落喝闷酒的流浪诗人。可生活的真相便是如此，我们总是渴望拥有不一样的人生，在深夜时分有好故事可以讲，所有这些故事到头来都只是激荡了自己的心灵，有一天别人说起你的故事，也是一样的云淡风轻。

这也是我极喜欢日语版深夜食堂的原因，无论店里来过多少顾客，发生过多少跌宕起伏的故事，这一间小屋子里依旧保持着安宁和平静，天亮之后，所有的悲伤和痛苦都会散去。我希望刀锋书酒馆于重庆这座城市而言，也是这样一个存在。

🕐 开业时间：2016 年 7 月 19 日

📍 地　　址：重庆市渝中区五一路 99 号协信星光广场二楼 L211—L212

👤 公 众 号：刀锋书酒馆

💬 微 信 号：daofengclub

💡 书店格言：好书与好酒，有趣的灵魂借此相遇

谢谢你，我的书店

15 钟子墨
岳阳书门书屋创始人

书门，一个从小巷子里走出来的书店

那一年，我 27 岁，工作不好不坏，无所谓兴趣爱好，就是个谋生工具，将就一点也能草草此生。

那一年，我 27 岁，结婚三年感情陷入低谷，手里仅有的一点钱用来付了房子的首付，家庭和经济都不太好。

我，没勇气继续往下活了，我不是我自己，我只是一只行走的动物。

那一年 6 月，我辞职回到老家，什么也没做，什么也不想，住了半个月。回来之后，租下一个门面，在一个偏僻的小巷子里，很安静，充满了生活气息，没有转让费，租金也相对便宜，一切都刚刚好，再适合不过了。我的心一下有了着落。

我决定开一家旧书店。我终于做了这个决定。

虽然开书店的时候，我对书店一无所知，本地的书店一家没去过，外地的书店一家没听过，诚品也好，万圣也好，全都不知道，也不清楚哪里来的勇气，就想开一家书店，真是应了那句话——无知者无畏。

在接下来几年，我开始了完全不一样的人生，我和我的书店，几生几死，在无比躁动的现实里扎下根来。

那一年是 2016 年，5 月辞职，37 天后租下湖南理工学院附近一个 30 平方米的小门面。半年后，因为店面太小，关掉了。然后，在附近又租下了一家 60 多平方米的新店，装修很快，2016 年的圣诞节开始营业。2017 年 7 月，打通了门面后面的两间房，做了个青年旅社，这个时候的书店已经有 100 平方米左右了。

2018 年 2 月，关闭了理工二店，至此，我和理工画上句号。

2018 年 5 月 1 日，我的新书店再次和大家见面，这次换到了岳阳市内的星河国际小区。这是两年内我开的第三家店了，它们有着共同的名字：书门。书本香，门无第。

2018 年 9 月，星河店宣布关闭，同时启动了 480 平方米的新书店的装修。

2018 年 12 月，书门青年之家店开始试营业，期间，我得到了岳阳市共青团的支持和京东线下书店的合作，至今运营良好。

虽然表述得轻描淡写，但每一次关店开店，对于我和我的书店来说，都要脱一层皮掉一身肉，并不是主观意愿有多想，而是在现实面前，我没有太多的选择，我唯一能做的就是始终坚守——我要开书店的梦想，至于到底要走多少弯路才能抵达终点，我没有想过，也不再惧怕。

至于我怎么会如此固执于开书店这件事情，我自己也有些不解。如果是梦想，好像真的有点浮夸，如果不是梦想，谁会在一直亏损的状态下还如此坚持？

记得我写过一句话：在饱满的人生里，如果不是对文字有着千万的敬意，谁能守住一个无利可图的旧书屋？文字成了我命里唯一的慰藉。那些久治不愈的伤口萌出芽来，呈现出另一种光和热。

三年多来，从最传统的旧书借阅到现在的书店综合体，四家书店，我边走边学，用最短的时间走过了书店行业的各个时期，这对于我来说，就是最珍贵的。我深知书店经营的艰难，也深知其所包含的巨大力量，我想开书店，而当下更重要的是，我想开好一家书店。

但开好书店这件事，对于一个三线城市来说，确实不太容易。

开书店后，我经常到一些大城市逛书店，人来人往，生意很好，心里说不出的羡慕。书店，归根结底还是和一座城市的文化修养有关，和我们的付出可以说是不成正比的，而我们能做的就是通过自己的努力，把这些"不成正比"弱化，建立起属于我们自己的全新的"有关"，决不能在"无关"里坐以待毙。若要等一座城市整体提升之后，我们才有生存的可能性，那我们作为书店也就没有存在的必要了，因为书店本身就是要为这座城市创造可能性。

子墨，一个从卤菜摊上活过来的姑娘

知道我真名的人很少，大家都习惯叫我子墨了。这是我写文章常用的笔名，这个名字和我的书店已经形成了某种不可分离的内在联系，如果说文学即人学，那么大概，我就是我的书店了。

1989 年，我出生在平江县龙门镇，毕业于湖南理工美术学院，学的是平面设计专业。我很早就记事了，和原生家庭有一定关系。可再怎么长大，还是孩子心性，对生活有太多的不了解。严格说来，我是在 25 岁那一年突然长大的，在新生和死亡面前，我第一次感到肩上有了责任，宝宝的到来和叔父的离世，打乱了我所有的生活，我来不及思考如何面对接下来的人生，只想让我爱的人过得好一点。

宝宝七八个月大时，为了保证母乳时间，我在楼下菜市场找了一份卖卤菜的工作，早上 6 点起床 7 点上班，下午 4 点上班晚上 8 点下班，中间有 4 个小时可以回去喂奶。要是宝宝哭闹，妈妈还能抱下来吸两口，想着也是很满足的。那两个月，我身上的卤菜味真是连洗澡都去不掉的，我没有太多不好的情绪，因为那个时候我得了哺乳期甲减，反应比常人慢很多。

这件事我一直不愿和人说起，实在难以启齿。半年来，在小姐妹们面前，我提过两三次，心里反而轻松自在了很多，好像没什么不能说的。如果不是那段吃苦的日子，我也扛不过书店一次又一次的危机吧。凡事这么想，就没什么过不去的坎儿了。就是开书店不一定比卖卤菜好过。

开书店这几年，认识了不少人，也学到了很多。书店的成长，其实，也是我个人的成长，是我人生的路上最好的修行。从只为自己到想为他人，从一个人的书店到一群人的理想国，这一切都不是设定好的，但这一切又都是刚刚好的。

很多时候，你不知道为什么做这个选择，但你就是做了，然后发现你的人生悄然变化。起初你想不到会付出什么，也无从知晓你会收获什么，但就是一股脑儿地去做了，再接下来的很多时间里，你会为这个选择披荆斩棘，在无数难熬的夜里心怀感恩，像极了一个战士，骑着骏马，去完成一个不可能的梦想。

梦想是个好东西，我很感恩我有一个开书店的梦想。长这么大，并没有什么值得说的，除了开书店。虽然目前来说，谈不上成功。当然，我一直非常反对用成败去衡量书店或者人生。但开书店这件事，确实是我做得最有意义的一件事，是我最正确的选择，也是我最骄傲的过去和未来。我要能做好开书店这件事，也就无愧于来世上转一遭了。

故事，一群温暖有意思的同类人

逗角，95 后，职高毕业后和我在同一家公司上班。她和现在很多的 95 后不一样，没那么爱玩爱漂亮，做人做事都很实在。我从公司辞职后，她想跟着出来，但那会我刚开书店，没有能力请人，就劝她留下了。大概两三个月后，她还是辞职了。从那以后，她和我再没有分开过，我们俩一起打理书店。

这么多年，她已经从一个微信小编成长为一个图书管理、展台陈列、设计摄影、视频编辑、语音剪辑、活动策划的全能型人才。我想她和我一样，热爱书店，并从中找到了自己存在的价值。

这么多年，书店大大小小零零碎碎的事情，都是她在操心，一直是她在照顾我。身边的朋友都说，要是没有逗角，我不会活得这么舒心。谁说不是呢？钥匙在哪里不知道，身份证在哪里不知道，照片资料在哪里也不知道，因为，我只要知道她在哪里就好了。

木头，在开第二家书店的时候，木头大叔找到我，说想做点有意义的事情。当然，我也想做点有意义的事情。木头是心理咨询师，有些严肃，熟悉之后才发现其实内心很柔软。

我记得见面那天，刚好是"抑郁妈妈跳楼事件"后的第二天。作为一个情绪不能自控、也曾一度抑郁的我，知道情绪问题时刻威胁着我们的生活。我想很多人都是如此吧，希望在孤独、无助、委屈、痛苦的时候，有人陪着听她或他说一说话，就足够了。

对于这一点，我和木头的价值取向是高度一致的。所以，我们一起做了一档心理健康为主题的公开座谈，每周一次，希望来这里的每一个人都可以畅所欲言，释放情绪并得到相对专业的心理建议。虽然这期间，书店开了关，关了开，但这个栏目从未中断过，风雨无阻。而木头，也成了我和书店不可缺少的部分，我们共进共退，不离不弃。

万姐，小书屋公开招募股东的时候，她是第一个义无反顾加入的。当时她情绪很激动，我心里有点担忧，因为三分钟热度实在不适合做书店。我对她说，书店不赚钱，这并不是一个很好的投资。万姐只说："我当然知道不赚钱，我也不是奔着赚钱来的。我已经想得很清楚了，我没有冲动。"她好像担心我生出变故，第二天就把入股的钱转给我了。万姐不知道，能遇到她，其实是书店和我的运气，我想要珍惜都来不及。

书店营业后，万姐把工作之余的所有时间都用到了书店，成了书店的服务员，也管理着书店的整个财务，和我们一起打理着这个小小的梦想。事实上，万姐没有义务做这些，对于股东的付出，我们目前是没有任何薪资回报的，包括我自己。但万姐就是这样亲力亲为，在一个极小的股份里，她做着她能做的一切，出于热爱，出于心底对这份美好事业的向往。

瑶瑶，书店里人来人往，我记不得第一次见瑶瑶是在什么时候，说过什么话，一丁点儿画面都想不起来了。有一天，我收到她的投稿，开头这样写着：

> 春水初生，春林出盛，春风十里，不如你。这是我常去的书门，我喜欢的书门，原谅我不会用更加贴切的言语去表达。当我尝试回忆如何认识子墨、认识书门的时候，才发现脑海里搜索不到，我只知道初见这一切时，与我想象的刚好都相符。从这以后，我们开始认识彼此。

之前书门屋主日开放的时候，瑶瑶来打理过小书屋。再往后，无论是木头大叔还是唱游拾光，有时间一定会来参加。瑶瑶说话的时候爱笑，沉默的时候又有些腼腆，她不特别，甚至很普通，在人群里大概就是被淹没的那一个。就是这样的小姑娘，生活简单又不失小乐趣，一脸阳光里满是对生活的热情和期待，有时也会嘟起小嘴说，怎么办呀，还没恋爱呢，但马上自己又不好意思地笑了，我才不将就呢。再后来，她成了书店的一员，我们一起打理这个梦想。

書門書屋

🕐 开业时间：2016 年 6 月

🚏 地　　址：湖南省岳阳市金鹗中路 157 号康特大厦 7 楼

　　　　　　书门书屋（青年之家）

👤 公 众 号：書門書屋

💬 微 信 号：bookdoorlive

💡 书店格言：有生活的书店，有智慧的生活

16　我只是想开好一个书店

老　笨

长沙止间书店创始人

一

20 世纪 90 年代初，那时的长沙城里只有一座桥，名字叫湘江大桥，从河东到河西只能从这里通过，车子来去每次都要收费。靠近湖南师范大学的麓山村和挨着湖南大学的天马村大多还是杂草丛生的菜地，偶有几家有点商业头脑的在家里开个录像馆，放点港台录影带，人满为患。

那时，我才 20 出头，多么好的年华，我和她——一个喜欢读三毛的西语系的女孩，在静谧的麓山南路上深情款款。我说，等我们以后有了一点积蓄，就在岳麓下开一家书店，冬天卖冰激凌，夏天卖咖啡。转眼 20 年过去了，她大学毕业去了北京，再见面时孩子都和她一样高了。临走时，我对她说，我准备开一家书店，一年四季卖咖啡和冰激凌。

X 君是我的小学、初中的同学，喜好写字涂鸦。中考后，我读高中，他背着画板从此入了艺林。小时候他比我穷，长大后虽然丰衣足食，但身上基本不带现金，到现在 30 年了，偶尔一起喝茶吃饭，都是我买单。

2015 年的大年初二，我照旧回老家过春节，X 君照例来闲坐。我们坐在院子里有一句没一句地聊着，阳光透过树叶的缝隙洒在身上，恰到好处的温暖。他说，突然想起归有光《项脊轩志》里最后那句：庭有什么什么树，什么什么之年所手植也，今已亭亭如盖矣。我说，我不甘心每天坐在办公室里喝茶扯淡，过着别人看来还安稳舒适的生活。我要开一个书店，里面的书和音乐我自己来选，服务员各个知书达理，貌美如花，一身民国范儿。他说，我们一起开吧，亏点钱不重要，只要书店开张后不要他管事。

没有论证，没有详尽的预算，没有管理经验，就这么动手开起了书店。找场地、找设计师、找施工队；跑工商、跑税务、跑规划、跑文管；组建团队、联系书源、定制文创……没有一件事不是来回跑，反复磨。大半年下来，图一张一张地画，砖一块一块地砌，人一个一个地找，钱一分一分地花。

2016 年元旦，天空难得的晴朗，长沙城建湘路旁，书店的轮廓已日渐清晰。站在工地边，很是有点感慨，发了与书店相关的第一条朋友圈：

我用心的／希望你喜欢／你用心喜欢的／会温暖一个季节／一条街道／一座城／你不应只是喜欢／你不该总是在附近／你要来

二

我住的小区内有一个小学，每天早晚上下班，总能看见一个个满脸稚气的孩子背着五颜六色的书包，牵着大人的手，蹦蹦跳跳地晃荡着，这情形让人满心欢喜。

40 岁开店创业，犹若中年得子，自然应该取个好名字。大伙想了十来个，似乎总有不妥，又觉得离想要的那个名字越来越近。再议，我说就叫止间吧。止通"纸"，代表传统的阅读精神，既表停顿之意，亦含止于至善之理；间，有朴实的时空感，纸的空间蕴含书店意象。归结为一句古典意味的阐释：守心一处，止步此间。我们希望，那些不再需要为生活奔波的人们能守住自己的初心；我们希望，还在路上继续打拼的人能常在一个书店门口停下脚步。

2016 年 1 月 19 日，那天很冷，整个长沙城都在等下雪。止间静静地开张了，没有任何宣传和仪式，雪也一直未下。可能是止间带给人们的与记忆中的传统实体书店完全不一样的呈现，有意无意来到书店的人大有"惊艳"之感。

春节后，止间开始在朋友圈中刷屏，更多的人知道了止间，更多的人来到了止间。天气稍好，书店里到处可见拍照、看书抑或发呆的人。包括湖南卫视在内的主流媒体和很多的艺文自媒体开始接二连三地来采访，大半年时间，止间俨然有了网红店的感觉。

其实和现在新开的规模震撼、书墙炫目、排队入场的书店来比，止间与真正的网红相差甚远。书店每天依时而开，夜深即闭，不寂亦不火；平时总有一定数量的人来，做活动的时候比平时略显热闹一点点。

这正好合乎我对一个人文书店存在状态的想象。人文书店天生就是一个依托日常、慢慢影响一个人精神成长的场域，与热烈、喧闹、潮流保持先天的敌意。

三

每个人的心中都有一个理想国。我在书店里，经常会遇到陌生的客人对我说：你就是老板吧，你把我许多年想做的事做了。这话我是信的，开一个书店是许多人隐存心里的一个憧憬。开人文书店的人，都是理想主义的信徒。一个好的书店，如同人一样，有着独特的气息、切肤的体温、自己的智识和态度——这是一个理想的书店，也是止间渴望能成为的样子。

有一回读书会后，将书友们送至门口，有书友问我止间的LOGO有何释义。止间门框上的LOGO很简单，两条长方形方块，一条直立，一条弯曲。直观地看，这是一段直行或弯曲的道路，还可以把它想象成是一本翻开的书，一扇打开的门。

我说，你站在书店的门口，笔直走，就是书店，你会打开一个世界；往旁走，是弯路，你会错过一个世界。这个解释当然是我临场一刹地发挥，并非做设计时的标准答案，但也契合了我对读书这件事的基本态度。这个书友听了我的解释，从此成了我数量不超过个位数的铁杆粉丝之一。

在一个远方泛滥的时代，我总觉得读书才是真正抵达远方的捷径。不是有人说过吗，不读书，行万里路也不过是个邮差。人类竭尽全力创造了带给生活便利的工具，不知不觉中又陷入了被工具绑架的泥沼，挣不脱。生活看似无比丰富，却又无比空虚，我们无比忙碌想要抓住所有，其实却两手空空。

我们在书店的入口处做了一个雕塑，专门请中国美院的艺术家做的，现在成了每个止间的标配。雕塑的造型是一个坐着的人，头部是空心的，双手前伸，人体前摆着一张凳子。我们想让每个来书店的人在进门前或离开前在这坐下来，与之对视，观照自己。

止间通道的墙体上写着：一个有风度、有温度、有态度的书店。这是我赋予止间的愿景。止间在空间表达上花了很多的心思，也花了很多的钱。以我多年游历书店的有限认知来看，止间的空间呈现区别于大多数书店的独特性：古朴的质感、传统的精神、锋芒不露的现代性、人间烟火的气息交融出一种精致、内敛、古典、俊朗的气质，这是我想要的君子的风度。

书店里几乎每一本书都为读者准备了拆封的试读本，置办了大量的桌椅可供闲坐而不设任何消费要求，准备了大量的雨伞可向读者外借……因为我希望止间能为这个城市传递一种有温度的空间体验。当然，作为一个人文书店，应该有自己的态度。

止间的图书品类只限于文史哲艺和少量儿童文学，几乎每一本图书都按止间的标准经过选择；每一种图书分类和每一次主题书台的呈现都能导引读者的阅读心径；每一张桌子上都备有精美的留言本、笔、卡片，供读者随手写下自己的喜怒哀乐；书店里播放的每一首曲子、每一段视频都能体现人文精神，都有荡涤心空的余温；诗歌墙上的每一段诗句，都折射着一个时代流转的足音；每一次读书会都视若一次情感体验的碰撞，一场向思想者致敬的仪式；每一篇书评、每一份书单、每一次新年献辞都代表作为书店之于城市的人文关照，之于读者的独立思考。

人文的，必定是基于生命的、价值的、意义的。让阅读归于日常，让体验归于生命，让美好归于生活，止间要在一个城市的日常中打造一个独立于家和工作之外的生活空间，塑造和引领一个以人文阅读为原点的精致生活方式。这是止间作为书店的理想，亦是我的理想。

我作为一个书店的创始人曾参加过一个沙龙，现场有观众向我提问：书店的理想是什么？我说，书店的理想只有一个——让更多的人有理想。不是吗？！

四

像大多数书店一样，止间也做了很多活动。有时会请一些名家，大多时候是自己策划。做活动是一件让人煎熬的事，嘉宾在哪里？费用从哪儿出？嘉宾的表达与读者的期待会不会有差距？现场的效果如何保证？会不会因人数少或冷场而尴尬？每做一次活动都像一场考试，一半兴奋，一半焦虑。

当然，活动还是要做的，止间需要努力塑造一个个有着精神意义的生活场景。网络虽提供给我们攫取信息的捷径，但我们同样需要各种置身其中的场景。面容熟悉或陌生的同类聚集起来的气息、表达者的语气、提问时的情绪……在这一场景里交织、感染、散发，从而塑造出一种精神——在多快好省的时代变奏中正逐渐流逝但不可或缺的"在现场"的场景精神。而这种精神，正好呼应一个个小小的自我，呼应止间的角落里传来的书页翻动的回声。

曾有开书店的朋友问我，止间做过的活动中，哪些你印象最深并认为做得很好的。很奇怪，我脱口而出的不是某时某次请了某著名作家来书店分享签售之类的活动，而是那些围绕读书、书店与个体成长而做的小活动。

譬如：世界读书日，我们组织书友以集体坐公交地铁的方式将长沙城里稍有名气的书店走了一遍；花钱号召、组织读者来止间对所有的上架图书和服务进行挑刺，意见越多奖励越多；专门组织读者来止间对赌，赌注为：离开手机独立阅读三个小时，读者赢了即送餐、送书、发奖状。

记忆中最轻松的一场活动是书友们一起跨年。我们想为那些不打算去酒吧、演唱会的书友，那些在年终岁末的最后一夜仍然孤单着的陌生人，提供一个略带仪式感又自由宁静的来处。无须做任何宣传和提前准备，也不用担心没人来。2018 年 12 月 31 号 22 点，我在书店的公众号上临时写了一小段推送，大意是：谁此时孤独，就不必孤独，止间备了酒和糕点，煮了茶，开足了空调等你来。推送发出两个多小时，陆陆续续有人冒着寒风走进书店，有认识的书友，也有陌生的面孔。大家一起读诗，喝酒，听歌，许愿，直到凌晨三点方散。这也是止间在 2018 年最后一刻为这个城市做的最后一件事。

我一直以为，在所有的文化空间里，唯有书店是一个最没有门槛的地方。既没有消费门槛，也没有专业壁垒，适合每一个普通的生命个体。2018 年，十点视频来书店拍摄，让我在镜头里描述一下书店空间的特质。我说：书店就是这么一个地方，你把你的孩子经常丢在书店里，他也许没有条件去学钢琴、舞蹈和奥数，但在书店泡大的孩子再差也不会差不到哪儿去。

书店就是这么一个地方，你可以安享阅读，也可安放孤独；书店就是这么一个地方，一个困苦来袭时让你感到安全、身处逼仄时还能找到退路的地方。

五

时光如寄，止间已经走过三个多年头。

卖书，也兼卖茶和咖啡、文创、简餐与鲜花。谈不上是跨界和创新，我只是希望来书店的人，能在一个时间段里，将自己完整地安放在这里。很多人喜欢这里，在这里读书、买书；将心事付与咖啡茶语，将悲喜留言在光泽温和的纸页；遇到一个喜欢的作家，或遇到另一个类似于自己的人；临走时带上一束花、一本书给自己，也给那个想亲近的人。很多读者说止间是长沙最美的书店，有读者说止间是一个让时间停止的书店，还有读者说，止间一定不止一间书店，会有好多间。

这几年，城市里新开了许多书店。三年里，止间也开了一些分店。一个城市里有不同的书店开着，终归是件暖心的事情，也算是一个城市的骄傲之处。当然，止间从来不进商业 Mall，每一个止间风格、体验也不尽相同，相同的是每一个止间都是人文阅读的引领者，并且，我要让止间保持独立的经营和呈现。

2016 年 8 月，止间开到了一个电影院里，面积很小，取名娑影。

名字是我取的，我以为，这个小书店里有书、咖啡、电影，就像我的三个小情人住在一起，似梦非梦的美好场景，非娑影不能达意。然两年过后，娑影店被迫撤出，影院合作方当初也是心存美好，但两年下来，无法接受一个不盈利的门店继续存在。还有什么好说的呢，除了离开。

2017 年 9 月，止间在湘江边的品酒店里开了第二家，取名品书房。酒店格调不错，和止间的调性也很搭。品书房小巧而精致，到现在不愠也不火，主要客人是天南海北来住店的，正好应了一个我想要的景：身体和灵魂都在路上。

2017 年 11 月，止间在常德老城区开了第三家书店，独立成栋，纯白色格调。书店的设计得了大奖，站在任何一个角度拍照，唯美而素雅，只是连累了搞卫生的阿姨，抹布和拖把成了书店里最重要的办公设备。那段时间我常去，某次在店外遇见一群年轻的女性读者，聊起，她们居然从长沙专程而来。我问她们对常德店的印象，她们答我：长沙的止间是性暧昧，常德的止间是性冷淡。止间到常德快两年了，知名度也有了，然二三线城市进实体书店的读者基数实在太少，书店还在一直努力地活着。

2018 年 10 月，止间在长沙悠游小镇开了第四家书店，书店也是独立成栋的，位于整治一新的圭塘河畔，取名雨岸。雨岸店开业后生意清淡，所在商业区域的整体运营一直疲软，周边店铺大多门可罗雀。书店的伙伴们费了很多心思，勉强度日。每次做完活动后，大伙自我安慰，苦笑着说止间成了这个商业小镇上的主力店。

2018 年 12 月底，止间开到了苏州，大运河旁边的吴江旗袍小镇。我把止间去苏州隐喻为一个小镇青年的筑梦。梦是个奇妙的东西，容易破碎，又时刻招惹着人去做。开业当天，我无法抽身去苏州，只能从苏州店伙伴们发的图片中盗几张发朋友圈。其中一张是书店里的影院，一张是阳光透过玻璃橱窗落在书柜上。之所以记得这么清楚，是因为这两张图给了我一个触点，让我想起在刚过去的秋天里，止间从长沙某电影院撤店的情景，也让我想到长沙从秋入冬以来一直被连绵不绝的阴雨笼罩，阳光成了一个久违的东西。苏州是富庶之地，书店的日子相对好过些。每一次从苏州返程时，我都在心中默念：愿别来无恙。

六

一切看上去很美好，只有我自己看得到我的悲伤。

每个月的9号，都是我最紧张的日子，因为止间每个月9号发工资。前两天，只要听到电话铃响，我就祈祷但愿不是财务人员打来的。这样的日子一直在继续着。

书店里招的第一批员工基本上都走得差不多了，每收到一封辞职信，我的心里就泛起悲凉。一边希望员工知书达礼、才干超群，一边给他们发着微薄的薪水；一边微笑着祝福要走的员工前程似锦，一边心急如焚地盘算着如何找人来填坑。

止间每天打开门，进来的除了读者，还有一堆没完没了、一地鸡毛般让人沮丧的事。最关键的是很多时候，我也不知道如何做才是正确的选择。这种无力感一直伴随着我。很长一段时间里，我选择尽可能地不去书店，或者等书店打烊后，一个人坐在灯光如洗的止间会客厅直至深夜凌晨。也是在这个时候，我喜欢上了夜晚。它可以让我的时间变得松软，让我在未知和焦虑前保留些许从容。当所有人向我要答案而我也不知道正确答案但又必须给出答案的时候，我多么希望黑夜漫长、黎明迟来。

三年多来，一个人发呆的时候越来越多。发呆的时候，浏览一下自己一年来发的朋友圈，几乎全是止间的零零碎碎。我突然感到荒诞，开书店，读书，说是让一个人的生命更加辽阔，而我自己的生活似乎正走向单一和封闭。

我还记得在前年某一次公开的演讲中，我大言不惭：止间绑架了我生活的全部，而我甘心被绑架。尽管当时是内心所感，无比真诚，但三年后的刹那变成了一句认真的谎言。

那个创办了《不止读书》公众号又把它弄丢了的魏小河曾问我：老笨，你后悔开书店吗？

我说：我真的后悔了。每天 15 个小时的工作，每天事无巨细地无止纠缠，一大堆没有答案的事没完没了地等在那里，时时刻刻入不敷出的提心吊胆。

还好，沮丧的时候，我就到每张桌子前去看留言本。止间的每张桌上都有一个留言本，上面写满了全国各地来的读者的留言。每个留言本都写满一个灵魂的孤独与丰盈，那么多朴实而生动的句子，那么多或喜悦或悲伤的情绪，总能或轻或重地敲击我的心门。这是我唯一的自救方式，让我找到面对一切琐屑与艰难的勇气和意义。

我想，总有一天，我会将它们汇编成一本书，书芯用泛黄的蒙肯纸，让每一个读它的人都能目染纸纹中文字的质感，闻到旧时光的味道，包括我自己。

很多个夜晚，一个人从书店出来，走在明晦交错的街道，我感觉自己就是一个提着易碎灯笼的孩子！

七

我最近常常在思考：一个人活着到底是为了什么？当人开始常常思考生命的意义，便意味着衰老的开始。当日子每溜过一天，这种感觉更让我心生紧迫。那一天，读到程浩写在《站在两个世界的边缘》里的那句："我只是害怕上帝丢给我太多的理想，却忘记给我完成理想的时间。"瞬间泪崩！

三年中常被媒体问同一个问题：止间的商业模式是什么？三年多过去了，我的回答依然还是：我不知道，我只想开好一个书店，我自己想要的书店。如果我认真分析过实体书店的商业模式，或许我就不会开止间了。因为我知道，很多需要勇气和激情的事情，当你在深思熟虑、权衡利弊之时，你已经放弃了它。

罗曼·罗兰说：世界上只有一种真正的英雄主义，即认识了生活的真相后，依然热爱生活。我能确定，止间是在我深知实体人文书店之凋敝艰难的现实中开起来的。

2019年年初的时候，我和我的伙伴们曾经讨论过书店的未来。我说：我也不知道止间能开多久，但我相信在一个文明渐进的社会，实体书店应该还有未来。没有人强迫，开书店是我们自己的选择，我们不需要过多考虑书店的结局，我们只需要尽最大的努力把书店的当下做成我们想要的样子。

有一种幸运，即我们死了，书店还在，等于我们多活了很多年。

我在很多场合谈论过书店，只是三年的时光后，我已经不屑于再谈情怀，情怀是一个人文书店的底色而不该挂于嘴上，谈多了就成了贩卖。止间于我，只是我与这个世界对话的方式，只是一个人在人生的某个阶段做了一件他特别想做、自认为有点意义、也许还可能做得好的事。

我于止间，若这是一个徒步的时代，我许它为驿站；若这是一个快闪的时代，我许它为城市丛林里的蜗居。如此而已。

时间证明不了什么，我们要去证明时间。

一切都会慢慢到来。从这个冬天起，卖了三年多书和咖啡后，止间终于开始卖冰激凌了。

止间
zhijian

开业时间：2016 年 1 月

止间书店：湖南省长沙市开福区建湘北路 270 号

止间·品书房：湖南省长沙市开福区营盘路 6 号品酒店一楼

止间·老西门：湖南省常德市建设路老西门 25 栋

止间·苏州：江苏省苏州市吴江区松陵镇旗袍小镇二期 C3-17 号

公 众 号：止间

微 信 号：zjshudian

书店格言：一个有风度、有温度、有态度的书店

遇见理想生活

媛　卉
张家口遇见理想书店创始人

遇见　理想　生活
是我们三个书店的名字
遇见理想生活
是我们开书店的初衷和愿景

遇见——我们的第一个理想

从小就喜欢读书，尤其喜欢民国时期的作家、作品，以及那个时代的先生精神。长衫、旗袍也成为自己生活中的文艺情结。从 1995 年开始，我便常常旗袍裹身，"招摇过市"。这在北方的小城，也算一奇葩景象了。

上班成家，买的书越来越多，家里最大的屋子就变成了书房，一排排书架上，满是层层叠叠的书。经常与朋友分享，并带给他们阅读。后来也曾畅想，若有林徽因的"太太客厅"该多好——谈文学，聊艺术，一帮爱书之人，聚集一起，或畅所欲言或思想碰撞。于是，这颗理想的种子，就此在心里扎下了根。

2012 年，与翟老师聊天，又谈及心底那颗蠢蠢欲动的种子。他说：英子与你同类，你们应该见一下。这个见面，在三年后的一个春天。

约了两位出版社的编辑，探讨有关国学读本的内容。翟老师又说："英子在这方面有独到的见解，你和她——该见面了。"

英子来了。长长的麻花辫子，斜襟盘扣的蓝色小花旗袍上衣，黑色香云纱百褶长裙。活脱脱民国时期的女大学生的装束。

翟老师为彼此介绍，英子眼中满是惊喜："你也喜欢穿旗袍呀。"很自然的一种熟悉和亲切感拉近了我与英子的距离。就此，我们认识了。后来，我们一起聊读书，聊对文字的挚爱，聊对旗袍的喜欢。再后来，我们一起逛书店。感觉有某种力量在彼此心底绞合：对方就是彼此多年寻觅的知己——有共同的喜好，有共同的信仰。

那一起做件有意思的事情吧！创建一个更大的书房，一个在我们心中根植多年的"文化客厅"。把多年的喜欢变成欢喜，把我们心底的种子种下，让它开花，结果。给它起个不一样的名字——

我说叫"理想"，英子说叫"春天"。微信公众号创立起来了，第一篇文章就写的我与英子的故事，题目是"遇见，便不再错过"。

晚上，辗转反侧，彻夜不眠，忽然觉得，没有比"遇见"更好的了。我与英子的遇见，我们与书的遇见，与书店的遇见，与读者的遇见。我们的故事，将因"遇见"打开。打开书，打开世界，打开自己。

注册公司，我们把"遇见理想"合并在一起，因为理想而遇见，并申请了商标注册。当时就畅想，如果开分店，就叫理想。

选址、装修、填充，紧锣密鼓忙了三个月。按照我们内心的模样，夜夜勾画，日日呈现。2016 年 1 月 26 日，在北方奥运小城张家口，在桥东区红旗楼的一个转角，遇见书店诞生了。

遇见理想，洁白的圆形 LOGO，400 多平方米的青砖白窗的两层欧式复古房子，这样一个充满书生情怀和艺术气息的书店在塞外山城尚属首家。

一时之间，遇见书店成为张家口的网红。装修风格古朴典雅，温暖舒适，充满文艺气息，却又像置身于家里的客厅，自然而放松，安静而优雅。书生着蓝布大褂，书女着旗袍，复古留声机的黑色胶片里播放着古典音乐，书架各处贴有用毛笔宣纸书写的文艺诗句，身在书店，有一种与旧时光交错的静心感觉。

我们心中的歌已唱了近半个世纪。我们把多年来积攒的对读书、对文字、对生活的热爱，点点滴滴地融入书店的每个细节里，赋予了遇见独特的气质。她就如一位穿着淡雅旗袍、怀抱书本的民国女子，携着精神的光芒款款而来，与大家遇见美好。

各地读者纷纷前来，每天演绎着因"遇见"而遇见的故事，与多年未见的朋友、老师、同学、同事，甚至恋人，抑或新的遇见，更充满着神秘和欣喜。不论当地还是外地的读者，都充满了好奇心，他们总想追寻，到底是一个怎样的人开的这家遇见书店呢？

我们与遇见一起成长

第一期"司南讲坛"文化沙龙。邀请张家口文化学者梅大生老师，梅老师已经 78 岁了，来书店做讲座，依然有年轻时的风采。梅老师与读者分享："文化是要交流的，文化的传播极为重要，我们有责任让传播文化成为自觉行为。"

第一讲"文化大讲堂"家乡历史分享。安俊杰先生讲述张家口历史文化的两个走来：泥河湾和涿鹿。他说："我们热爱中华文明，不仅是要记得历史，更要去了解和探寻历史的真相，传承中华文化对后代的影响。"

第一年"玫瑰与春天音乐诗会"。开场前主持人晓寒红衣匆匆赶来，他是蓝天救援队的主力，当天在赤城县冰冷的水库抢救了一对落水的父子。从水库救人出来就赶往遇见，他说："承诺就是实际行动，不能辜负这么多热情等待的读者。"

第一届"理想之蜜 采自书中"诵读活动。大家说："已经很久没有参加过这样诗意和温暖的活动了。朗读不仅是读文章，更是读内心。浮躁的社会需要这样沉淀、抒情和安静的补充。"

第一场"遇见理想"读者年会。参与的读者超过百人，大家尽情表达与遇见的故事，对遇见的情感，以及对读书的热爱。

太多太多的第一……每次遇见，宛如初见。每次遇见，都如新生。

2016 年 5 月 25 日，杨绛先生去世。这位出生于民国时期的百岁先生，留给世间的光芒值得纪念和缅怀。遇见书店与张家口市作家协会联合举办了送别先生的追思会，重温先生的一生，先生的著作，先生的情怀与风骨。一屋子陌生的人，因为爱，因为敬仰，一起送别先生。

我和英子去烟台，遇见了丰子恺先生的私淑弟子卞家华老师，他脚蹬布鞋，身穿中式大褂，带着黑色礼帽，谦虚而热情。他的画作主要描绘民国时期的人物和故事，我和英子极为喜欢，便与卞老师达成合作。他的原创作品印制遇见理想 LOGO，制作成读书、童年、旗袍等系列明信片，深受读者的青睐和喜爱。

很多同行前来参观，他们笑言：遇见的情怀和文艺气息是学不到的，是嵌在骨子里的气质，只能意会无法模仿。

理想——遇见的一盏灯

张家口这座小城，因一条清澈悠长的清水河，将城区隔成两端。如果说，桥东的遇见点亮了城市的右眼，我们需要在桥西用理想点亮城市的左眼。

2017 年 9 月 8 日，500 平方米的理想书店，在张家口市桥西区长青路盛装开业。

理想书店，简欧风格，明亮，现代。一楼吧台设计成一艘大船，我们喻为"理想方舟"。背景墙是一本打开的大书，大书上是一副海上日出的蓬勃画面，配以美好的文字："总有一本书是你下一次出航的港口。"这里，便成了读者来理想书店拍照打卡的地方。

为了满足不同层次的读者需求，理想书店推出了 365 读书会员卡，阅读、借阅一卡两用，一年 365 元，让理想的 365，天天有书读，365 的理想，天天读好书。同时建立读书群，推荐阅读、分享阅读，举办阅读会。

薛志巍，我们的第00010号读者，主动承担起每日一本书的推荐，每一篇真情实感的推荐文字都是自己所思所悟。365天，日日推荐，不求回报。在读者年会上，他说："我喜欢理想，分享是读书最好的方式。"

理想书店的沙龙区能容纳近两百人。理想书店开业，创办"司南讲坛"。

第一次讲坛，邀请久负盛名的上海钟书阁创办者金浩老师来做讲座。金浩老师来时，上海还热，我嘱咐他带件外套，他多穿件了西装。我们一起去号称"美国六十六号公路"的草原天路，空旷的山上，风从四面八方吹来，冷得瑟瑟发抖。金浩老师笑说："虽然比上海的冬季还冷，但是张家口的读者是最热情的。"

扬州器曰书坊的周小舟先生，12月来到张家口做讲座，穿着他最厚的棉服，刚到时他还说："蛮好，蛮好。"再从温暖的室内走出来，就感觉有凉飕飕的冷风刺入身体。他感叹："北方的冬季好冷的，超出了想象和准备，但是没想到，对中国古代藏书这样的冷门，居然还有这么多热爱的读者。"

北方的冬季比南方还是冷了许多，但是小城的读者不仅热情好客，还有很多甘于奉献的文化学者。

铁马冰河先生，热爱文化，宣扬文化，积极联络文化学者来理想书店举办公益讲座。他说："文化一定需要一批热爱文化、懂得文化的人来宣讲，搭建了平台，就要把平台利用好，惠泽更多的读者。"

党宁老师只要有时间就参与活动主持，他说："阅读要跟上时代发展的步伐，我们有责任一起推广阅读，做幸福文化建设的'热心人'。"

一位教育工作者分享："我们教育工作者的责任就是要实现'教育的理想'和'理想的教育'。"

……

"司南讲坛"运营三年来，举办了上百场的公益活动，结识了很多朋友，也点亮了读者心中理想的灯。

荒岛在高一时得了急性尿毒症，休学在家，对生活几乎失去希望。后来来遇见读书，慢慢对生死有了新的思考，不再抱怨和消沉，他说："是读书拯救了我的生命，思想和生活中都要有一盏亮着的灯。"

陈学冬在一次读书会分享："读书打开了一个人内心的狭窄和孤独，理解并找到走向开阔和友爱的通道。"

郭帅每次来借书还书，骑自行车往返近 30 公里。他说："虽然有汽车，但是来书店是精神上的一种追寻，接近一个目标，一盏亮着的灯。"

为了追随爱情，王倩放弃北京农业部的优越工作，来到北方小城做了一名辛苦的高中教师，她在讲坛上的分享："遵从内心，过自己想过的生活，在哪里，都不要放弃做一个精神明亮的人。"

2017 年读书日，理想给留守儿童捐书，一个渴望读书的小女孩牵动着在场的所有公益者，大家把书、本、笔、书包全部送给她，小女孩紧紧地抱着，开心地笑了。

……

当夜幕降临，看到"理想书店——遇见的一盏灯"亮起，温暖就会涌来。这盏灯不仅是为读者点亮的，也是为我们点亮的。在人生行走的路上，我们都需要力量和光亮。

生活——从一间书房开始

放下书本和诗，我和英子都是生活的实干家。做饭，收拾家，侍弄花草，同样倾注热爱和行动。只要有时间，吃吃喝喝，也甚觉美好。于是又畅想，一起搭个院子吧，养花种草，烹煮食物，看书聊天，喝茶习字。创建一个更踏实、更静雅、更生活的书房，我们不仅需要有"诗"和"远方"，还要回归生活，回归到实实在在的俗事日常。

于是，又开始忙碌、构想、实施。2018年10月，理想生活实现了。一处植物蓬勃的小院，我们叫她"满庭芳"；一个淡素静雅的书画小屋，给她起名"青玉案"；一间明窗净几书香氤氲的书房，我们唤作"南歌子"；一室沁着茶香亦可谈笑风云的客厅，亲切唤她"沁园春"；一个五味馨悦的开放式厨房，爱称她为"临江仙"。

五个词牌，五间格局，理想生活就此从一间书房开启了。

遇见有你，温暖理想

"我是肉体的诗人，也是灵魂的诗人；我占有天堂的愉悦，也占有地狱的痛苦。"惠特曼的寥寥数语，也道尽书店人的悲欣。实体书店的日子不止是读者朋友圈里晒的诗和远方，还有我们晒不出的苟且和现实。

消费自由、阅读共享、活动免费、讲座公益，我们如此热爱它，却不能仅仅只靠一己情怀的表达，柴米油盐的日子终须面对。经常有读者担心：遇见理想不会关吧？红旗还能扛多久？

能扛多久，就扛多久！

关于实体书店的讨论已经持续了近十年，所面临的都是共性问题。我们也探讨过各种方法，想减轻些负担，比如：设定消费入座，比如讲座收费，比如不提供免费阅读的图书……但又全部放弃。因为我们的书店不再是一个简单的店面和售卖，它承载着梦想和希望，"诗"和"远方"，我们如此地热爱它。

在滚滚向前的历史潮流中，有幸能做自己喜欢、又对他人有益的事，是值得的。遇见理想已经迎来了第五个春天。我们的生活，春风依然。信仰需要笃实，努力和创造陪伴我们前行。

遇見書店
MEETBOOK

⏱ 开业时间：2015 年 12 月

📍 遇见书店：河北省张家口市桥东区胜利北路 94 号
　　　　　　铂金时代广场 1 号楼底商

📍 理想书店：河北省张家口市桥西区长青路 10 号
　　　　　　世贸广场小区 2 号楼商铺 22 号

📍 工业文化主题公园店：河北省张家口市桥东区
　　　　　　　　　南口工业文化主题公园 15 号

👤 公 众 号：遇见理想

💬 微 信 号：YJSD2016

💡 书店格言：书店，城市的一双眼睛：看世界，见自己

远方的故事就是我的故事

18 **野丫头**
上海远方书屋创始人

　　一家小书店的灵魂就是店主，两者甚至是合二为一的，所以"远方"的故事也就是我的故事。

　　远方书屋到 2020 年是第七年，不知道该说误会好，还是该说命运好，事实上在开店之初我并不知道要开一家什么样的店，更别说是一家什么样的书店了。

　　每次采访被问到远方书屋的定位时，我常常回答说：远方，该有它自己的生命轨迹，没有定位也没有框架，最后让时间去给它一个答案。我这样的回答无非是因为我也不知道我要的是什么。

　　之前在外滩参加集市的时候，在朋友的摊位上我给书店写了一张卡片，上面写着"不是网红店，不值得打卡，拍照美颜也救不了你，请认真消费"，那是我现在的想法。而最初，远方书屋还真就是个打卡的表面书店。有个同行朋友说，凡是叫什么书屋、书房的都不是认真做书的，于我而言，他还真说对了。

但那个不知是误会还是命运的东西从我租下店面那一刻就开始与我同行了。前不久和朋友聊起感恩这个话题，每个人都不是一个人完成一场人生的，一路上有意无意地都出现过一些贵人或者是启蒙老师，远方的启蒙老师就是我的第一个房东——樊东伟先生（现是上海开卷书店店主）。

最初，在远方的书架上有一半是民国书籍，还有一半是略糟糕的新书。民国书是樊老师的，新书是当时无知的我（现在也没什么知识）为了筹备书店在各个地方攒起来的。当初问樊老师，为什么会选择和我合作。樊老师说，因为听说我是玩户外的，他觉得玩户外的人执行力和决断能力都很强，所以选择跟我合作。

因为樊老师，我开始顺理成章地接触到其他同行，可是越接触心里越没底气。

我玩户外，喜欢住青年旅舍，喜欢在青旅的大厅里和天南地北的人聊天，天亮各自上路。奔着这个我开了远方书屋，至于选择书屋倒不是为了装，因为从小喜欢看书，非要选个跨行的职业，觉得这个门类我上手可能会快一些，然而我太天真了。

在接触越来越多的同行之后，我才发现，我所谓的喜欢看书是文艺女青年的那种喜欢，看过的书虽说没有言情，但也少有真正的严肃文学。在和其他书店老板交流的时候，我都不敢说话，因为他们聊天的内容我根本插不上嘴，每次我只是默默地听着，正是这样的聆听令我着迷，我从没有听到过如此丰富的内容。当然，我也庆幸大家没有因为我的无知将我拒之门外，慢慢地，我就这样真的开起了一家书店。

这个慢慢，是真的很慢，并且还会慢很久。

进入这行我才知道，开书店的他们都有着深厚的积累，10年乃至20年的沉淀积累岂能是我这样一个半路出家的人能赶得上的。严格说来，我的积累可能都比不上大多数淘书的客人，我也并非是一个能够寒窗苦读的学子。可是，我总觉得我可以在哪里跟他们找到交集、找到交叉点，基础一时跟不上我就先跟形式。去文庙淘书，去逛同行们的书店，在他们的聊天中偷师学艺，慢慢地认识的人也多了，和大家也比较熟悉了，同行里男性居多，对我更是颇多包容。

在2017年的时候，我和几位书店同行攒起了一个二手书市，其实一开始就是周末在其中一家书店的院子里摆摆摊。当时上海的旧书市只有文庙，是从最初热闹非凡的大型图书市场变成了只有周日才有的小小的旧书市场。在那样一个周日，你可以在那里碰到不少相识的人，但是多数都是同行和闲着没事的老爷爷们。想来有点可惜，或许是因为周日开市太早，或许是因为挑书环境不太好，总觉得就这样错过了淘旧书的欢乐，于是就有了年轻版的旧书市——愚人书市。

但凡是一个认真做书的书店店主，可能都会将这个已大幅落后于时代进程中的事业为己任，一意孤行地坚持着它的严肃性、责任感，他们看上去也许并没有那么热情，甚至有点不近人情，而正是这样一群人让我这个伪文青看到什么才是好的文学、什么才是值得被流传的经典。

然而，这样宝贵的文化传播越来越少见于各大书店，是因为它不具备实用的指导价值或是没有迎合大众的消遣趣味？尽管如此，我依然相信，还会有一群年轻人坚持传播这样的文化。我想，这也是在这个时代，中小书店相比大书店而言的自我价值吧。

愚人书市想做的就是将这样的声音传递出去，让更多的人知道上海还有这些隐蔽的小书店，而它的隐蔽只因为承担不起光鲜的房租而已。

差不多两年的时间，愚人书市从绍兴路边的小院子里做到了各个商场，也做到一些气味相投的有趣场所。有时候，我觉得我们像一群开着大篷车的吉卜赛人，到处安营扎寨，传播着我们的歌谣和信仰；有时候，觉得像一群街头艺人，在热闹的表演过后信仰无所适从。在这样自我拉扯着往前行进，这辆大篷车依然还在行驶着，我也不知道它能开到哪一天，会不会终究还是被时代抛弃，又或是自我放弃。

我是个向往江湖儿女生活方式的人，四海之内皆兄弟可能是我最为天真的意愿，曾有人说做我的朋友比做我的亲人获益更多。在刚开店的时候，我认识的同行不多，不知道天高地厚，曾经和诗集书店（现开闭开书店）的老板亚述提议一起做一个书店地图，后来考虑到很多书店都不在经营性的场地内，怕给大家惹麻烦而终止计划，其实后来愚人书市也是有相似的本质，可这些始终都不是我想要的那个江湖。

2017 年书展期间去香港，把香港的二手书店几乎跑了个遍，当我站在西洋菜街中央，从眼前五花八门的大小店招中迅速定位哪些是书店时，眼前像是有一份探险地图等着我去探秘寻宝。香港的小书店让我深有感触，除了他们的招牌可以堂而皇之地出现在商业街以外，就算那些不在一条街上的书店依然能让我在他们的书架上、陈列台上、墙面上感受到书店彼此之间的联结，让我觉得这一家家小书店虽然被隐藏在一幢幢大楼里，但他们之间并不是孤立的。

同样的感触也发生在前不久的广州，无疑又是我跑遍了广州的各中小书店。从表面上看，不论是陈桐的博尔赫斯，还是只卖旧书的小古堂，又或是以学术书籍为主的学而优，在商业用地上的这些书店并没有丢失书店的本质——书的品质。在 1200bookshop 找到六月书店新店时（六月书店店面被房东收回，1200bookshop 邀请六月将新店和 1200 开在一起），看到和资本书店相邻的小书店依然有它的傲气和独立。和六月书店店主聊天时，她最强调的就是虽然和资本书店在一起，但六月依然是有骨气的，依然是有话语权和主动权的。当我们在聊起广州的其他书店时，言语间透露着彼此的相识和互助。

当我回到自己所在的城市，却觉得很难在上海的小书店之间产生这样的联结。我曾经和大理一家书店的店主简单交换过看法，他的说法是：上海自古就是经商之地，同行互避，各自行路，需要时暂时联手。而在我看来，上海的城市文化是快速的更新和表面的光鲜，书店这个行业在上海并不占优势，而所谓的江湖，或许在哪儿都只是个幻想吧。

从书的层面出发，远方书屋从最初到现在，书的品质是在进步的，得益于同行们的帮助，但速度缓慢赖于我的愚钝。书店的成长其实就是我的成长，当我开始慢慢接触更好的文学、更优秀的作品、更具有创新的书籍时，我想将它们呈现给我的客人们，远方的书架永远是舒适轻松的。

我喜欢思考、探讨、辩论，关于文学、人生、社会、人类……我喜欢看到人们把酒言欢、唱歌跳舞。或许是因为我的双面性，书店的客人们基本也呈现出两类不同的人群，我不觉得注重精神思辨的人是严肃无趣的，同样我也不觉得享受物质的人是庸俗粗鄙的，两者似乎同时存在于我的身上，所以我觉得这才是人类这个物种的丰富性所在，才是这个世界的有趣所在。

所以，当客人进门以为是家咖啡馆然后对四周的书感到局促的时候，我希望你眼角的余光可以帮你轻松地觅到一本书；当客人以为是家书店却发现可能是家以书为装饰背景的咖啡馆时，我更希望你能浏览一下书架再下仓促的结论。我希望店里咖啡的香气能让严肃的你陶醉片刻，我也希望那些优雅的书封能让行色匆匆的你停留片刻。

我相信人的审美具有普遍性，我相信人们并非感受不到文学带来的共鸣，只是现在的它们被埋没在众多畅销书或常销书的背后而不为人所知。每每想到这里，我就觉得拥有一家小书店要比拥有一家资本书店幸福得多，因为我可以坦然地回到书的本质中，让满满的书架发光。同时遍地开花的大书店也让我看到或真或假的希望，也许就像现在独立咖啡馆的风潮得益于星巴克将人们带离速溶咖啡的时代一样。

我希望，有一天人们再问起远方是一家什么样的书店时，我不用再拿台湾的独立书店、香港的二楼书店来举例，远方书屋始终占有一席之地。

远方

Bookstore

🕐 开业时间：2015 年 1 月 6 日

🚏 地　　址：上海江苏路 876 号贵冠商务中心 3 号楼 2 楼

👤 公 众 号：远方书屋

💬 微 信 号：thedistancebookstore

💡 书店格言：一个喧嚣城市中的孤岛

⑲ 最喜今生为书忙

郑国栋
济南阡陌书店创始人

读《世界最美的书店》时有段文字曾感怀于心：

> 人与书皆走入车站，又自此再度登程
> 这种流通与循环无有止尽
> 书店既是书籍抵达的终点站
> 同时亦是动身前往新旅程的始发站
> 更是人们邂逅、交流的广场

这段文字说的是英国的巴特尔书店，在府城济南也觅得到这样感觉的存在。

济南的经三路，古树林立，浓缩着仅存的一批济南老商埠时期的建筑和对旧时光的美好回忆，这里是通往济南火车站的一条重要路径。

人间四月，如果你不赶时间，走在梧桐树下，便可感怀到老舍笔下的惬意："设若单单是有阳光，那也算不了出奇。请闭上眼睛想：一个老城，有山有水，全在天底下晒着阳光，暖和安适地睡着，只等春风来把它们唤醒，这是不是理想的境界？"

阡陌书店，就开在这里。

在这里读懂济南　书店开进老建筑

每一间独立书店的身后，都有一场文雅的疯狂。

最早产生开办一家书店的想法是在 2004 年，那时我还在这座城市读书。

彼时，济南拥有致远书店、BOOK 外文书店、三联书店等几家圈内知名的独立书店，大学图书馆里满是复习英语四六级的同学，校门口的盗版书摊堂而皇之地贩售着马尔克斯的《百年孤独》以及渡边淳一的《失乐园》，喜欢独立书店的学生并不比现在多。

直到 2007 年，我用一整年的时间，以纪录片的形式记录济南市最后一条承载着近代手工业历史的老街——馆驿街拆迁改造。在拍摄记录的过程中，我特意把整条街道数百家门牌号收集起来；我坚持每天在同一角度为馆驿街的灵魂"馆驿"这座老建筑拍摄一张照片,记录这座老建筑消逝的全过程。每当这些城市的记忆碎片涌向心头,我更习惯性地开始思考书与城的关系,一家书店和一座城市的关系,并决定自己未来的书店一定要开在老建筑里面。

"一切早已存在,只在你经过时显形。" 2014 年秋天,一个偶然的机会走进经三路 108 号,那个瞬间感觉自己的内心被"照亮"了。这是一栋德式老建筑,前身是济南第一家照相馆——皇宫照相馆所在地,一番简单的对话之后,掌柜的刘桂林老先生欣然同意我在这里开一家书店。

在书店改造过程中,我们最大限度地保持百年老建筑的原有结构,并修复了损坏的木质楼梯、旧木地板,木质天花板也被重新打磨上漆,配上如梦似幻的古典水晶灯,让老建筑在书香中朦胧地醒来。只一个多月的时间,济南第一家真正意义上的独立书店就在老商埠的百年建筑里悄然绽放。

每当走进阡陌书店,周璇、白光、姚莉们的歌声从留声机中缓缓飘出,走在古老的木质楼梯上,总会有一种时光穿越的感觉。在这里,你可以坐在海派回流的摩登沙发上阅读胡适、陈寅恪、加缪、博尔赫斯,也可以在阡陌书架上遇见更多有趣的灵魂。

经过多年的品牌积累,阡陌书店一直延续着同这座城市的不解之缘。

2019 年 5 月,阡陌书店携手胶济铁路博物馆在有着一百多年历史的胶济铁路济南火车站打造 TSINAN 1904 阅读美学空间,这是一家以诗歌、旅行、铁路文化为主题的独立书店。

6月，阡陌书店步履不停，在大明湖朗园开办归来书院，以明湖旧影、城市文化、中华诗词歌赋、古籍善本为主题。朗园是一座有着近200年历史的古老的四合院，位于济南城市地标大明湖畔，曾堤之上，百花桥头。

10月，阡陌书店携手小广寒在济南"四大泉群"之一的五龙潭天镜泉边开设天镜书院。

阡陌纵横　书声遍处

我特别钟爱法国诗人保罗·瓦勒里《海滨墓园》中一句诗词："起风了，唯有努力生存。"

在互联网的大潮中，坚持做实体书店就应习惯"等待春天""花很多时间和精力把一件小事做好为止"，不要阻挡那些真心热爱阅读的人的生活和消费习惯。独立书店更应如此，因为书籍只有捧在手里才是最美的。

在书店，没有什么比遇见一本好书更美妙了，书永远是书店最永恒的主题。

中国独立书店的经营状况，通常被人们定义为"风风火火的冷冷清清"。为了维持经营，很多独立书店选择了书店＋咖啡、书店＋简餐、书店＋活动的种种营销模式。

开业五年来，阡陌书店每年让数以万计种的精品图书找到自己中意的主人，当然包括《塞拉菲尼抄本》《乐舞敦煌》《流水》《茶典》《传家》……这些价格不匪的"最美图书"。阡陌书店在创立之初，就无比坚定地在书籍遴选上倾注了最多精力，不敢有丝毫懈怠，力求每一本摆上阡陌书架的书都是值得阅读的。在阡陌，通常难觅一本畅销书或者所谓心灵鸡汤的书。

我始终清晰记得书店的第一位顾客是位女设计师，那天她恰巧在隔壁画框店装裱一幅孔雀油画，画框店老板告诉她隔壁刚开了一家书店，店里墙上也挂有一幅同款油画。女设计师走进阡陌书店后，买了罗贝托·波拉尼奥的《2666》。

2017 年 7 月，我与一群城市原乡文化捍卫者们一同当选"十大城市梦想家"。评委会在颁奖词中这样写道："他的书店被称为承载济南开埠记忆的孤本，在济南独立书店悉数倒闭之时，以脚下的土地为名，守望这座城市的阅读精神，善待每一个有趣的灵魂，与他的团队一起扛起济南独立书店复兴大旗，此心可栖。"

寻找城市记忆　城市文创匠造

土耳其诗人纳乔姆·希格梅曾说："人的一生有两样东西是永远不能忘却的，那就是母亲的面孔和城市的容颜。"

阡陌书店是诞生于济南的本土独立书店品牌，五年来，阡陌根植济南文脉，以"传承阅读精神　寻找城市记忆"为己任。我们先是精心绘制了《济南老建筑》《济南老字号》《济南老街巷》《济南八景图》系列明信片、书签和笔记本，然后又花了 16 个月的时间，完成了济南《府城梦华图》。

《府城梦华图》是一张济南最具人文精神的城市手绘地图，

我们用魔幻画风在地图上绘出了上百位曾经在济水之南生活过的文人墨客的故事。这些饱含济南味道的文创产品一经问世，瞬间就成为进店读者的最爱。

因为工作关系，我每年都要走遍全国各地的中大型城市，每次被问及故乡，当我回答来自山东济南时，我得到的反应并无二致——大明湖畔的夏雨荷。尴尬之余，不觉感慨诗圣杜甫用"济南名士多"描绘的济南城，诞生过一代词宗李清照、豪放派诗人辛弃疾的济南城，在当今世人眼中居然敌不过琼瑶小说中杜撰出来的乾隆爷的艳遇对象。

我们用了大约一年的时间，将李清照的诗词悉心整理，正如我们一开始预料的，李清照真的在二十四节气里写过直抒胸臆的婉约诗词，我们的插画师旋即精心绘制了《李清照二十四节气诗词》的精美插画，在3月13日李清照生日那天，我们在济南城的很多文化地标同时向世人发布了这套文创作品，也算是送给这座城市以及李清照的一份生日礼物吧。

写完这些文字，恰逢中秋。每逢中秋节，很多人都会想起苏东坡那首脍炙人口的《水调歌头·明月几时有》，写诗的那年诗人39岁，时任密州知州，这里也是我的故乡。千年以来，在我的家乡一直流传着苏东坡的一句诗词："东武遗风今犹在，十万人家尽读书。"

或许，这正是我决定认真做一家书店的终极愿景。

阡陌書店
【Book&Cafe】

🕐 开业时间：2014 年 9 月

🚏 Tsinan1904：山东省济南市天桥区车站街 30—16 号

🚏 山东博物馆店：山东省济南市历下区经十路 11899 号
              山东博物馆二楼

🚏 归来书院：山东省济南市历下区大明湖路 271 号
              大明湖·朗园院内

🚏 天镜书苑：山东省济南市天桥区筐市街 28 号小广寒天镜园

🚏 峪见阅读美学空间：山东省济南市自贸区汉峪金谷峪悦里芳草路 L1

👤 公 众 号：阡陌书店

💬 微 信 号：qianmobooks

💡 书店格言：阡陌纵横 书声遍处

20 一家理想中的书店

徐 科
常州书式生活书店企划经理

不知不觉，我从一个自诩的书虫成长为一个书店人，已经有些时日。眼见着书店行业的兴衰变幻，亲历着电子化浪潮对实体书店的冲击，依然执着在独立书店的道路上，相信这份事业的未来前景是明媚的。

道路漫漫，观感复杂，思绪万千。传统实体书店，过得会越来越艰难，这点我是相信的。但新模式的综合性书店会越来越展现出自己的活力与魅力，这点我更是认定。虽然曾经有过犹疑与困惑，但随着工作和思考的深入，我心中的希望变得越来越清晰。渐渐地，我对于一家理想中的书店应该是什么样子，有了较为具体的轮廓。

在新的时代背景下，传统的以销售为导向的书店无疑会受到互联网的强大冲击，这也是目前仍在演进中的"实体书店大规模减少"现象的重要原因。当然，在这个过程中，也有一些图书销售为主导的书店逆势上扬，比如西西弗。但西西弗凭借的是强大的资本能力、成本控制能力、供应链能力和现场管理能力，这种类型的书店在未来会有更大空间，不过在我看来，未来将是一个"赢家通吃"的局面。

和互联网公司一样，少数龙头企业将占据绝对支配的地位，留给我们的发展空间并不大。而像诚品书店的书店综合体路线，也不是一般体量和影响力的书店可以驾驭的。私以为，"书店综合体"在很长一段时间内都将"屈指可数"。

那么，从更为现实的角度出发，再结合我在书式生活的运营实践，我理想中的书店应该具备以下特质：

1．非书籍销售导向，大部分盈利能力通过其他方式实现

2．以人为本的空间美学

3．强社交属性，重构城市居民的业余生活

4．初步媒体属性，能够生产受众、提供链接

5．强数据产生及分析能力，精准把握消费行为

6．强生活提案能力，增加盈利项目的同时，持续给消费者带去附加值

7．线上与线下融合，全场景提案能力，有效提高用户黏性。

接下来我们逐条分析：

非书籍销售导向

需要明确的是，书籍依然是书店所有输出内容的基础和连接

点，书籍的灵魂地位是不容动摇的，否则就失去了一家书店最大的优势。如前文所述，以书籍为销售导向的书店将成为龙头公司。那么，普通的独立书店可以做什么？答案是：文化、活动、广告、社交和数据。不过，这些东西不能生硬地单独销售，需要更柔性的方式来进行包装整合。

拿活动来举例，长期的经营实践让我认识到，活动是很挑人的，不同参与者的兴趣和参与体验具有较大的差异。单个活动的"单打独斗"，既不能保证参与人数，也较难提供良好的体验。只有多系列活动的并行不悖，才能达到较好的效果。但这又会产生另一个问题，就是近年来文化产品表现出的"低复购率"特性（在互联网知识付费产品中表现尤为明显），会显著抬升成本风险，造成不可持续的被动局面。所以，所有这些"文化产品"需要被整合到一起打包销售，如此会带出一个关键词：会员制。

我理想中的书店是会员制的。在这里，书友以年费形式参与到书店中来，得到的服务包括图书借阅、咖啡饮品、常规活动和个性定制等。书店提供的其实是一套爱上阅读、文化社交的套餐式解决方案，而非单个的小点。书友可以按照适合自己的方式与书店发生关联，书店则以自己的专业提供文化生活的建议。在年费的大框架下，各分支产品各成体系，协调发力，同时又能根据用户反馈，优胜劣汰并及时调整。会员的福利与普通的销售并不矛盾，书籍、咖啡、文创等依然可以单独销售，但需要设置较为明显的门槛，拉大会员与非会员的收益差距。

在理想的状态下，年费的收取可以覆盖 70% 以上的日常运营成本（人员、房租、水电、物料等），缺口部分通过零售、场地费用、活动承接等方式补足，并实现少量盈利。在此基础上，广告、冠名、数据、赞助、内容输出、文化服务等更为高级的玩法，也拥有相当大的想象空间。

以人为本的空间美学

现代都市人享受着经济发展快速增长的成果，同时审美能力也得到了持续提升。传统的实体书店对空间设计往往不够重视，大多给人一种沉闷死板的印象。我们知道，文化、知识给人带来愉悦，"美"才是其本来面目。虽然这种美需要一双"慧眼"，但如果我们从视觉上把这种"美"用优雅的方式展现出来，就更能传递文化的吸引力，对公众也就具备更大的吸引力。这要求在书店筹备之初，就要引进优秀的设计团队，对整个空间的视觉传达做出优秀的规划。

所幸的是，从近来越来越多的"最美书店"的评比中，我们看到很多优秀的书店设计案例，令人耳目一新。需要重点指出的是，由于国内新型书店尚属起步阶段，整个行业对书店的空间设计缺乏相关经验，也出现了许多美感有余、实用不足、体验一般的书店设计，导致读者想要翻书时却发现射灯有些晃眼；想要休息时却发现桌椅的高度配合不佳；想要和朋友聊天时却发现咖啡区与阅读区离得太近，只能说悄悄话；想要参加活动时却发现活动室相对孤立封闭，缺乏现场感……其实，这些都是因为没有充分考虑书店运营的实际需求和读者的消费行为导致的，最终会影响顾客的体验，给书店经营造成不必要的障碍。

所以，书店的空间设计必须以人为本，书店的经营者要与设计师就书店未来的经营模式、经营重点、经营内容、消费行为等进行深入沟通，方能达成良好的设计效果。这种沟通过程往往是漫长的，需要耐心的。在后期运营中，书店内部设置依然要经常进行测试和微调。

强社交属性

在我看来，实体书店的减少，很多书店难以为继，是因为无法满足顾客在文化上的新需求。现今消费升级正酣，体验经济当道，顾客在文化消费的同时希望得到的不再是简单的产品，而是一种综合的体验。这种体验包含价值实现、自我认同、身份认同、精神抚慰、认知升级等一系列要素。而这些需求在广义的社交中才能得到良好的兑现。

一家理想的书店需要具有更多的社交属性，才能让各种各样的深层次的心理需求都能找到兑现的通道。这就要求书店需要通过优质的产品、新颖的活动、多维的沟通等诸多方式，为顾客提供良好的社交平台、社交内容和社交货币。

在顾客深层次的心理需求得到满足的基础之上，书店就有希望重构顾客的业余生活，重塑城市文化生活的精神风貌。以前的业余社交场所大概就是茶馆、KTV、咖啡厅、棋牌室等娱乐场所。之后，读者们可以选择去书店，因为书店同样有可口的饮品、惬意的环境，所不同的是，书店更能彰显城市的新中产的品位追求。这也是消费升级带给我们的巨大机会。

初步的媒体属性

很多人都认为知识付费是一个风口，既然书店在书籍上不能赚钱，通过"知识付费"来实现收益可以吗？关于这个问题，我个人认为让消费者为知识本身付费，可能是个伪命题。

2016 年，罗辑思维的得到 APP 可谓创造了热门话题，大家似乎看到了"知识付费"的巨大商机。各种知识付费的课程、平台、玩法等，如雨后春笋。

当第一波的热度稍有消退，得到 APP 的营收在 2017 年并没有迎来暴发式的增长，其他跑得比较快的知识付费项目也纷纷遇到瓶颈。有一位线上课程的大咖私下向我透露，知识内容的复购率（或续费率）是很不理想的。而得到平台在短期内 3 次修改旗下"每天听本书"栏目的收费模式（从单项付费到月度付费再到年度付费会员），可能也是应对低复购率的无奈之举。那么是知识本身不好，还是消费者的意愿不足？我认为都不是，其症结在于消费者的消费需求和动机与知识产品之间存在明显的偏差。

首先，很多消费者希望得到的不是知识，而是立竿见影的改变。但是，这是不符合知识的真实属性的，知识不是能够药到病除的神药，其发挥作用是一个长期积累的过程。消费者可能会因为目标受挫而降低购买意愿。

其次，消费者深层次的心理需求，其实是排斥痛苦的学习，他们追逐的其实是愉悦的文化体验（这一点很多消费者自己都意识不到或者避讳谈及）。由于书店并非教育机构，所以相对枯燥或者功利的知识产品并非是好的选择。当然，并不是说书店不要去参与知识内容输出，而是书店在输出内容时，要将出发点设置为输出愉悦的文化消费体验。鉴于知识内容本身的特点，它需要消费者心智的二次加工，所以不管内容质量多好，都会有不适合某些消费者的情况。这就需要书店在输出知识内容时具有相当的灵活性，不要采取那种死板的课程设置，而是允许消费者打包购买一定时段内所有内容的学习权，可以根据需求自由切换（这种需求很适合上文提及的年费制模式）。同时制作的内容要方便阅读，注重趣味性和互动性。书店千万别把自己的内容做成"培训"，那样既不符合消费者的需求，也失去了书店的格局。

在形式上，书店可以开展沙龙、派对、活动、展览、课程等，规模可大可小。在收费价格上，由于知识内容并不能立刻产生可以衡量的价值，所以整体定价宜亲民，才能保证一定的参与率。有了参与率，也就意味着我们的知识内容有了初步的媒体属性，能够生产受众了。那么，通过活动冠名、软性植入、公益赞助等形式，书店就能获得一定的收益。简而言之，就是消费者与第三方共同为知识内容付费。或许，这也是"知识付费"的另一种更可持续的打开方式。

强数据产生及分析能力

如前文提到，理想中的书店是年费会员制的。这种收费方式决定了书店在产品、服务、活动上要更有特色，满足消费者的需求，才能持续经营。那么，对于消费者需求和行为的把握，就显得比普通书店更为关键。

我们需要提升分析消费行为的能力，增加数据收集的渠道。这就涉及在书店基础设施的建设中，充分融入现代技术，实现多维度的数据收集。例如：区域客流、单一消费者在各区域逗留的时间、一本书被拿起放下的次数、消费者的行走路线、消费者在特定广告前的逗留时间，等等。然后将这些数据与更详尽的销售数据进行交叉分析（如客单价、消费频率、活动参与偏好等），就可以产生巨大的价值，为书店经营提供依据。如果书店更进一步提供线上的消费场景，将线上的顾客行为数据加进来，就更为精准可靠了。在大数据面前，书店的运营就不再是碰运气，而是一个相对确定的战绩。

在 2019 年的书店论坛上，我看到已经有团队在做这样的数据服务。相信用不了多长时间，就可以实现成熟的商用。如果有足够多的书店进行专业的数据收集和分析，并进行有限共享，那么我们就能在更大程度上把握文化消费的脉搏，更好地实现经济效益和社会效益双丰收。

到了那时，这些数据本身也可以成为新世代的数字资产，具有广阔的想象空间。或许一家连锁书店生产的数据就已经创造了价值。毕竟，书店的顾客层次较高、人流量可观、卷入度高、偏好率明显，其数据也会更干净、更有价值的。

强生活提案能力

2017 年，日本茑屋书店在中国刮起一阵旋风，茑屋书店热席卷业界。茑屋书店创始人增田宗昭在创立 CCC 之初就非常强调"生活提案力"，要给顾客带去好的生活主张和影响。

但是"生活提案力"有点抽象，不太好理解，要把其具体化为可以指导书店运营的条目，还需要进一步的"拆分"。在我看来，所谓"生活提案"，就是以柔性的方式告诉顾客"在什么时间""什么地点""和什么人""做什么事情"。之所以说柔性的方式，是因为这种"告诉"的过程，在绝大多数都不是靠语言传递，而是潜移默化的影响。

比如，我们希望书友能在书店里和朋友畅快地聊聊书，那我们就需要在合适的地点设置舒适的沙发、可口的饮品、柔和的灯光，在聊天区域入口放上足够的书，甚至可以通过促销活动（饮品第二杯半价、购买饮品免费借阅一本书等）引导消费行为。在这样的安排下，大多数书友会乐意和朋友一起来，借阅几本书，坐在沙发里聊一聊。这就是完成了一个小小的生活提案。

再比如，如果我们倡导的是"一个月精读一本书"，那么我们可以每月精选一本书优惠出售给会员，然后在较大规模采购的基础上，邀请作家进行现场分享；针对这本书组织线上线下结合的读书会，为大家提供热点话题；针对这本书开发周边产品（比如定制明信片）；还可以开展主题文旅，适量收费，组织书友展开与这本书相关的旅行（比如围绕王澍的《造房子》，到宁波博物馆进行主题参观），这样就是更完整的生活提案。

如果这些好的生活提案元素（时间、地点、人物、事件）能在会员制书店的体系下良好地运转，那么这些元素的自由组合也会产生奇妙的化学反应，形成更具创意、更有个性的新的生活提案。如此，就已经进入良性循环的轨道了。

当我们回过头去看这些生活提案，对于消费者来讲，其实最终的落脚点都逃不过"我希望成为一个怎样的人？"一家书店的重要魅力，就是帮助消费者发现自己、认识自己，并获得同类人的认同。

线上与线下融合

在当今的商业语境下，"新零售"是个绕不开的词汇，也是当今主流商业思路的转变。

互联网环境下的商业逻辑，从最初单纯的互联网，到后来的"互联网+"，再到现在更多实体商业的"+互联网"，线上与线下相融合已经是一个明显的趋势。

先前专注线上的小米在残酷的竞争过后，重拾对实体店铺的重视；文化产业中的樊登读书会，也加紧了开启线下实体——"樊登书店"的脚步；当当等传统线上巨头，也加快了线下实体书店的脚步。

不难预测，只要时机成熟，像得到、知乎、喜马拉雅这样的平台，也会速度迅猛地攻入线下市场，成为这个市场的"搅局者"，或者有机会成为新的领导者。

对于实体书店来讲是利好，也是一个巨大的挑战。书店要实现线上与线下的融合，其实质是要获得"全场景的提案能力"。以前单打独斗的实体书店无法完成的提案能力，如"上班路上听本书""睡觉前听书友读首诗""午休读书打个卡"……在线上线下相融合后必将得以实现。

　　拥有了全场景的提案能力，消费者的体验会更加完整、深入，上述所说的那些盈利模式会得到更好的支持。这也是线上巨头觊觎线下的原动力。

　　更多的选择，更多的卷入，更多的链接，更多的互动……这是未来完整形态的书店带给消费者的最新体验模式。如果说网上书店和电子阅读对传统书店发起的是一场残酷的战争，那么未来完整形态的书店对于传统书店的冲击，则更像是一场"降维打击"。当《三体》中的"歌者"向太阳系轻飘飘地发射出一片"二向箔"时，我们应该有所警醒。

　　"因为看见，所以相信。"这是在书式生活团队内部经常被提起的一句话。在实体书店总体上还是一片惨淡的今天，我们看到了这个行业的巨大机会，它在未来将成为真实的风口。但同时，只是看见和相信，并不能保证我们能够笑着站在风口之上。所有的一切，都要从最基础、最琐碎的事务开始。

　　在这条荆棘路上，如果说有一条"口诀"需要时常拿出来默念的话，我想应该是——"书店售卖的是文化体验而非知识"。因为这才是大多数消费者的真实需求。

　　知识固然好，但没有人捧场的知识终将被人遗忘。

　　无论是被人误解也好，看上去不够纯粹也好，我们都要在正视现实的基础上，为消费者提供真实的满足。如果更多的人因为优秀的文化体验而爱上知识，我们自己又能收获收益和尊严，那么我们的执着也就真是善善之举。

B'LIFE
| 書 | 式 | 生 | 活 |

开业时间：2013 年 8 月 18 日

常州吾悦广场店：江苏省常州市钟楼区常州吾悦广场 A 座
2 层 237—238

新北三井大厦店：江苏省常州市新北区通江中路 8 号三井大厦 1 楼

新北区政府机关共享书屋：江苏省常州市新北区衡山路 8 号
区政府东门

钟鼓青枫公园店：江苏省常州市鼓楼区茶花路凯尔枫尚 15 幢
（青枫公园西门对面）

儿童书店新北 K12 中心店：江苏省常州市新北区通江中路 286 号
K12 家庭成长中心 2 楼

儿童书店武进吾悦广场店：江苏省常州市武进区吾悦广场 3 楼

儿童书店天宁北郊小学店：江苏省常州市天宁区飞龙路 288 号
北郊小学旁

儿童书店新北府琛花园店：江苏省常州市新北区安莉路
府琛花园 18 栋 32—33 商铺

儿童书店天宁区楼军数学店：江苏省常州市天宁区晋陵中路 515 号楼
军课程中心一楼

儿童书店盐城滨海店：江苏省盐城市滨海县银厦广场 B 区 01 号
（滨海宾馆对面二楼）

一家理想中的书店　165

儿童书店镇江京口店：江苏省镇江市京口区 288 号
梦溪嘉苑 65 幢 0122

公 众 号：BLIFE 书式生活

微 信 号：blifespace

书店格言：诗书伴，气自华

我的书店生活

21 小 白
大理海豚阿德书店创始人

　　大理一进入四月，风季就快要结束了。白天炙热的阳光下古城里的巷子和街道都是白茫茫的一片，空气中都是田野里的干草和干燥的尘土味道。下午在书店里整理书目的时候，朋友发来了鸡鸣寺夜樱的照片，我想起自己好像也是在某个这样的春天离开了南京。

　　对于我，来大理生活和在大理开一家小书店这两件事，其实是人生中的两个非常独立的决定。至今，聊到未来的生活，我仍然相信它会有无限种的可能性；但说起心爱的小书店，说来说去都只有一个样子。这个心中的小书店的样子，大概就是我对"书店"最初的记忆和最终的理想吧。

旅途

2014年1月，在由北向南穿越宝岛台湾的旅途中，我经过许多城市与村镇，探访了那里的书店。这些旅途中和我打过照面的小书店，一直是我的回忆中最珍贵的部分。它们不仅记录了我对书店这个空间的特殊感情，也满足了我对那些和我怀有同样感情的人们的好奇心。

在我开始这段旅行前，小小的海豚阿德书店已经在云南高原的山下古城中开了1年零4个月。

在做台湾之行的准备时，我同时做了途经的台湾地区独立书店的资料收集，这些书店中仅是台北的几家就已让我期待不已。它们被关注度很高，有的在于选书的专业性，有的在于成功的综合性经营，也有的因为影视作品的拍摄成为观光胜地。但这些信息里面没有乐伯二手书店。

在我记忆中的九月，那个阳光懒洋洋的下午，东北季风从海面上徐徐吹来，我为了躲开老街拥挤不堪的人群，顺着巷子穿过山坡上安静的原住民的旧房子，然后在一条叫作佛堂的巷子的弯道尽头，与这家小书店不期而遇。

所以，可能大部分人都不知道的默默地在安静中生长的小书店，才是我心中的书店吧。它很小，一个旧木板手写的招牌，屋后的山坡上有茂密的树林。拉开门进去，屋子里是满满当当的书架，书架之间的通道只容一人侧身经过，窗台和地面上也摆着书，高高低低。店主阿伯从书堆里探出头来和客人说话。有只黑色的猫正好从窗台跳下来。阳光透过玻璃窗落在书架上，还有从窗户可以看到的远处海面上的金色光芒。嗯，我回想起那一路上，只有在乐伯的书店里，我分外想念自己远在几千公里外的小书店。

一年后，在侯季然先生的系列纪录片《书店里的影像诗》里，我又一次见到乐伯。在第八篇的短片里，只有他拉着小拖车奔波在城市里收购二手书的镜头，台词也仅是他和书主电话联络的只言片语。

童年

开书店这件事，在成为理想之前，其实是我的一段记忆。我的少年时代，愉快的暑假都是在湘潭的外婆家度过的。外婆家所在的建设路，在20世纪80年代末到90年代初，是一片郊外江边的农田。外婆家的房子就在田野上的树林里，那儿是我的秘密花园。那时候，我的外公在岳塘路开了一间小书店，叫文明书店。

文明书店非常小，大概只有20平方米。书店附近有两所学校，岳塘小学和湘钢二中。即便在学校附近，外公的书店也只卖各种各样的故事书。每到暑假，更是只有零星上补习班的学生和附近的居民来书店转转，看看书。

人少的书店，却是我和表弟的乐园。我们总会拖一条长凳放在连环画的书架前，爬上去翻看小人书。一本一本地抽出来看，翻到中意的，就跳到外公的竹躺椅上躺着看。外公从来不管我们，自顾自地整理书架掸掸灰尘，或者忙着在牛皮纸堆里翻找书，有时候也会拿起一本书坐到柜台的后面看。

书店里一整天都很安静，夏日的午后，只听见蝉鸣，还有因为我俩跳来跳去竹躺椅发出的咯吱咯吱的声音。有时候，我和表弟不想看书就坐在门口的台阶上玩，最喜欢的游戏是"噗"地一下把西瓜籽儿吐出去，看谁吐得比较远。

一进入汛期，湘江的水面就会涨得很高。下雨的傍晚，打烊的时候，外公一遍又一遍地检查门窗。在回家的路上，我和表弟会大笑着一路去踩水洼，而外公总是忧心忡忡。

外公去世以后，小舅舅继续打理书店，转卖旧书和古籍。那时候我已经是个青年了。很久没有回外婆家，大学的暑假忙着和同学去各处旅行，不再看小人书，对古籍更没有兴趣。

小舅舅在打理书店的几年时间里，会时不时和我提起外公打理文明书店时的一些事，还会聊到附近街道和学校的变化，外婆家的老房子要被拆掉，还有附近的田地将要盖起一大片居民区。有时，小舅舅也会让我帮忙在南京的旧书市淘一些古籍，我虽然答应着，但总是因为这样那样的事就给忘了。

直到 2009 年的春天，小舅舅突然生病离世，关于文明书店的所有的一切戛然而止。

我记得几个月后，妈妈和我再聊起小舅舅，一种强烈的内疚和遗憾让我无法释怀。那些我答应小舅舅的事，无比清晰，哪些做了，哪些没有做。妈妈告诉我，外婆把文明书店关掉了。我第一次非常真切地意识到，那些夏天里亲切又美好的人和事，真的离我很遥远了。我的童年结束了。

文明书店的消失，让我了解到，那些我们始终没有开始去做的事，可能再也没有机会去做。之后，我做了一个决定，在那一年的秋天离开了南京。

在兜兜转转回到起点，重新选择用什么样的方式重启我的人生时，我的决定就是开一家小书店。在遇到一些变故和别离的时候，又是什么支撑着我继续守住了这个小书店？一定和我童年里的小书店有关。

日子

2012 年的春天，我和阿德在线上发起了一个"在洱海边开一家小书店"的众筹活动。热爱实体书店的网友们从天南海北来声援，很快就达成了筹集两万元前期书款的目标。紧接着，我们在大理古城人民路的中段改造了一个约 40 平方米的破旧小超市。我自己做设计，一楼售书，二楼阅览，还设置了一个小小的厨房，可以供应咖啡和茶水。那时候，阿德还不叫"阿德"，他还是和我一起奋斗的"战友"。

在漫长雨季和边陲小镇慢悠悠的施工中，三个月的夏天很快就过去了。整个暑假，一直不断有参加众筹的朋友们来到现场，在工地前和还没有完工的书店合影，然后对我们微笑着说加油。从各地寄来的二手书也陆续加到筹备中的阅览室中。所有这些可爱极了的人和事，都让我们兴奋不已。真的有很多人期待着这个小书店的诞生呢。

但实际上，直到有一天晚上，我们乘着夜色把一三轮车的纸箱一箱一箱地搬进店铺，开始往书架上理书的时候，人民路上的街坊们才意识到，原来这是一家书店啊。

在理书录库的这段日子，书店隔街对面的重庆鲜面馆的老板，右手边开私房菜馆的杭州阿姨的女儿，左边隔壁做陶艺工作室的艺术家，一个个推开了半掩的门，和我们成为朋友。不到一个月的时间，在古城里生活的朋友们，连买菜路过人民路都会走进店里聊上几句。

朋友们的问题很多，总是离不开："海豚阿德是什么意思啊？""你们俩谁是海豚，谁是阿德啊？"《海豚阿德》其实是升哥的一首歌，来自专辑《1996 Summer 夏》，是升哥和萧言中两个老男孩一起唱的。在给小书店取名的时候，我们想到了这首歌。"我一定是哪里疯了，为什么快乐成这样？"嗯，这是一首永远的"少年之歌"。

秋天的时候，逛人民路的游客们开始热衷在路过书店的蓝色大门时停下来留影，书店里的留言册上也发现越来越多有趣的名字和故事。一些到大理旅行的书作者，也会悄悄来到书店，默不作声地买一本书。过了很久，他们会发一张在大理的小书店找到自己作品的照片，然后@我们，在遥远的地方和我们说："我很喜欢这里。谢谢你们，加油！"

2013年1月，书店探索了四个月后，在周云蓬老师的支持下，我们组织了第一场活动，是一场迎新诗会。因为书店太小，我们借用了一间咖啡馆的场地。那一天，居住在大理的许多诗歌爱好者都来到了现场，大家围坐在一起，读诗，唱歌。也是从这一场活动开始，人民路海豚阿德书店铁门上的布告栏，聚集了越来越多古城各种文艺活动的海报。也正是因为它们，书店才逐渐体现出作为社区文化信息交流平台的现实意义，绝对大于售卖一本实体书的意义。另一方面，书店也成了一个游客们了解本地文化，包括当地民俗以及新移民生活的神奇的窗口。这让我们每天开门打烊、整理书籍变得格外有意义。

2014 年的夏天，古城里探索出了一个新的公共空间，一个由废弃的床单厂厂房改造的很小的艺术区。床单厂艺术区至今的宣传语上仍写着："这可能是世界上最小的艺术区。"但在一个边陲古镇，这样一个空间足够成为一件非常有趣的事。

秋天的时候，海豚阿德书店忙忙碌碌，在这个可能是世界上最小的艺术区建成了一个艺术书坊，专营艺术类书籍和古籍。

当 2015 年的春天到来的时候，在洱海边的喜洲海舌，书店又幸运地加入了一个叫作"开物集"的手工艺人联盟，开设了一家介绍民俗手工艺与生活方式的书店。

至此，海豚阿德书店也由我和阿德的单打独斗变成了拥有三个店长的小型团队。

也是在这一年，2015 年，大理受到了各类媒体的巨大关注，大理新移民的生活方式被热烈地追踪报道，这个小小的高原古镇发生了一些微妙的变化。

作为一个新型书店的创始人和主理人，我们说到实体书店的最大竞争，是来自提供折扣以及便捷服务的网络书店，但这其实不是能够导致一家实体书店消失的主要因素。网络书店仅会分流部分客人，另一部分客人更倾向于空间体验，乐于享受现场选购的过程，实体书店永远会有属于自己的客人。而独立经营的小书店面临的最大冲击，其实是店铺租金成本。

2016 年 5 月，在人民路店还有一年租期的时候，房东有意涨租金，试图通过拒绝收租金的方式施加压力。其实在前一年，人民路的很多邻居就因为不堪租金重负纷纷搬离。我喜爱的嬉皮士们与摆摊的手工艺人也都因为街道管理而消失不见。我们考虑之后，不想与房东纠缠，决定离开人民路。

人民路店的最后一场活动，是一场实实在在的告别，同时是一场声势浩大的集体搬家。7月18日当天，来参加书店搬家活动的朋友们，浩浩荡荡地来了将近100人，将近200袋图书被他们亲手从人民路店抬到了床单厂店。我记得那一天很多朋友拥抱了我，我们在蓝色的大门前合影。到了晚上最后关上门的时候，我还是哭了。

现在再回想这个决定，虽有一些遗憾，但其实是个正确的决定。书店在离开了古城的中心后，由一个小小的社区型书店转变成了一家艺术区书店。由于床单厂艺术区的氛围和其闹中取静的地理位置，现在书店的客人大多是把艺术区和书店作为目的地专程而来，他们更愿意在书店待上一段时间，在这个空间里静下心来仔细感受。

从早到晚来书店的人都不多，从窗口望出去，也不会再看到人来人往的街道。我减少了书店的活动，精简了书目，增加了书架，同时在书店产品的设计上找到了新的乐趣。可能，现在的海豚阿德更贴近我心中安安静静的小书店的样子。

2016年年底，阿德决定带着出版业务离开书店。我们决定不再一同生活。一边开小书店一边过小日子，从此变成我一个人的事。

在大理生活已经是第8个年头，开书店也是第8个年头。在这不长也不短的时间里，小女儿已经上了小学，店长们来来去去换了几任，书店里的猫咪已经养到了第三只。开书店成了我的生活方式，支持着我的整个生活，也让它更具深意。

现在，我想我已经理解了我的外公，理解了他的小书店开在学校旁边坚持只卖他喜欢的故事书，理解了大风大雨的天气里他的忧心忡忡，也理解了他在没有客人光顾的书店里能拥有的那份气定神闲。

开业时间：2012 年 9 月 3 日

地　　址：大理古城苍坪街 56 号床单厂艺术区 D 栋 2 楼

公 众 号：海豚阿德書店

微 信 号：DOLPHINADE_BOOKS

书店格言：大理的小书店 Wish you have a nice book

22 我不愿为乐开书店设限，只愿它自由生长

蜗　牛
上海乐开书店创始人

乐开书店犹如我的孩子，我亲历它的诞生，看着它从实体书店长成了移动书店，再然后有了现在的模样：一家保持移动、探索永续生活方式的实体书店。一直以来，我从不为它设限，我爱每个阶段的乐开书店。

2011—2015，乐开是一家可以租书的实体书店

毕业后在互联网公司写代码的我，从未想到自己将来会开一家实体书店。虽然开书店曾是我儿时的梦想，但很多时候我们的梦想只用来"想一想"，甚至常常被遗忘。我，就是曾经遗忘梦

想的人，后来得以重拾儿时梦想，要感谢我的先生板栗，是他一直激励我"梦想就是用来实现的"。

2011 年 9 月，深受板栗鼓舞的我开始筹备书店。这一年正是实体书店的萧条期，为了开一家可持续的实体书店，在寻觅店址的同时，我阅读了许多书店主题书籍：《独立书店，你好！》《书店风景》《做书店》《我爱做书店》等。在读钟芳玲的《书店风景》时，我了解到莎士比亚书店曾是一家可以租书的书店，彼时有些穷苦潦倒的海明威和菲茨杰拉德常去这里租书看。这一点启发了我，我决定要开一家可以租书的书店，旨在通过租书激起更多人的阅读欲望，惠及更多想要阅读的人。

在书店筹备期间，我们是瞒着我的公公婆婆的，因为实体书店经营艰难是众所周知的事情，怕他们担心和阻止。直到找好商铺，准备好书架和书籍，在即将对外正式营业的时候，我们才告诉公婆，邀请他们来参加书店开业仪式。

起初，非常担心他们会拒绝，没想到开业那天，他们带着蛋糕来书店了。我和板栗忙于筹备书店，竟然忘记了这一天刚好是我的阴历生日，而公婆没有忘记，并且带来生日蛋糕，我非常惊喜，也很感动。当板栗因遗忘为我准备生日礼物而愧疚时，我告诉他，乐开书店就是最好的礼物。

开书店的几年里，有着三天三夜也说不完的故事。书店对于我的意义，其实是在我经营书店的过程中才逐渐明晰和叠加的。我逐渐发现，书店是让书与人，以及人与人发生联结的地方，在这里，顾客和店员，以及顾客和顾客，一不小心就会成为一辈子的好朋友。曾经有许多读者告诉我，乐开书店陪伴 TA 度过了人生低谷期，这就是所说的"一家书店温暖一座城"吧。

无论是给人以温暖，还是向别人成功推荐自己喜欢的书籍，都会给我带来满满的幸福感，吸引着我努力将实体书店进行到底。后来，在会员朋友的推荐和支持下，乐开陆续在电影院和咖啡馆中开出了两家分店。

但有时天不遂人愿，2014 年，乐开书店遇到许多突变，三家店陆续遭遇不同变故，到最后只有最初的那家店在付出了迁址房租翻倍的代价之后，才得以存活下来。原以为自己仍旧可以把实体书店进行到底，但身体却在一次次的折腾中发出报警信号，并且在 2015 年让人不能再对它置之不理，于是在合同期满时，忍痛被迫关掉了最后一家实体书店。

2016—2018, 乐开是"让好书与你不期而遇"的移动书店

看书会上瘾，开书店也会上瘾，做移动书店亦会如此。

2016 年，经过一年的调理，在身体康复后，我忍不住又去寻觅新址，想要重开乐开书店。苦苦找寻几个月后，仍未觅得合适店址，于是报名在上海新天地马当路的戏果集市，去摆书摊过瘾。

参加过一次后就上了瘾，此后每月都会去各处摆书摊做移动书店，每当我站在摊位内，总会有种站在书店吧台内的错觉，每一次和读者的交流都会令我振奋。做移动书店时，我们需要把好几个沉重的书箱，从没有电梯的六楼搬到一楼，然后叫上一辆货车，运输至摆摊地点，等到摆摊结束，还需要将剩余的书箱再次搬回六楼。板栗曾有三次因搬书箱受伤，每次摆摊虽然极为辛苦，

我们却又总乐在其中。

开书店是我的梦想，开一辆书车环游中国，则是板栗多年前的梦想。

2018 年 6 月中旬，板栗提议，暑假带上宝宝开一辆书车行走中国，我立马同意了。想到"可以去很多城市摆书摊、把好书推荐给更多人"就很兴奋，而且我也希望 5 岁的宝宝能在旅途中观察和认识这个世界。

2018 年 6 月底，我们带上宝宝和父母（我的公婆）开一辆书车行走中国，边旅行边摆摊卖书，历时 58 天，行驶 9000 多公里，途径 11 个省份。我们的书摊曾出现在音乐节上、咖啡馆前、市集里，还曾出现在水果摊间、蒙古包中、菜市场里……每当书车在高速上奔驰，从平原到高原，从城市到村落，穿过一个个隧道，路过桥梁、湖泊、戈壁，我们迫不及待地想象着下一个城市会带来怎样的惊喜！

旅行和阅读，都会让人发现世界的多样性，一路上我们邂逅了许多有趣的灵魂。正如作家王晓渔所说："我始终确信，有着相似美学和价值观的人们，终会相遇。"

乐开书车第一站，我们结识了苏州花桥的柒书店，店主是个热情爽气的女孩，她不在时这里便成了无人值守书店，顾客可以自由出入如自家书房，当时正处世界杯期间，常有些书友会在书店打烊后自发组织来店里看球赛。

途径长沙时，我们第一次在大学校园内摆书摊，摊位设在中南大学铁道学院内的摄情造像工作室门口，这里的老板一直在"逼"员工们买书买诗集。他对员工说："影像的文本在于文学，最终在于诗。全世界影像感最强的诗应该要属中国的唐诗宋词。当你能把影像表达得如诗一般，你就拥有了强大的影像叙事能力。"

我们还曾把乌兰察布大草原上的蒙古包变成书屋，当书籍摆满我们自带的折叠桌后，便陆续有人进来看书，买书的有住在这里的游客，以及蒙古包的工作人员。当我走出蒙古包时，看到一位工作人员坐在员工宿舍门口读着刚从书摊买走的书，那一刻，让我再次深深地感受到移动书店独特的影响力，它让更多地方的人们得以邂逅与之有缘的书籍。

……

随着电子书以及众多娱乐方式的出现，常常有人预言，纸质书要没落了。谁相信纸质书会消亡呢？反正我不信！无论在哪里摆摊，书籍总是自带魔力，常常书摊还没完全摆好就有顾客围过来，在书摊俯首翻阅书籍的，有年轻人，也有老人和小孩，每一个正在阅读的身影都是那么动人。

2019 年起，乐开书店想要成为一名永续生活探索者

第一次关注到"永续"，是在 2018 年。乐开在做移动书店摆书摊时结识的一位朋友告诉我，他要回到家乡去推广永续农业，唤起人们对自然环境的关注。后来，他不仅在当地践行自然生态农法，还扶持当地传统文化艺术。

"永续设计（Permaculture），旨在通过设计开发可持续的生活系统，寻求并建构人类和自然环境的平衡点，它可以是科学、农业，也可以是一种生活哲学和艺术。"这段百科介绍，是我对

永续的最初了解。

2018 年 11 月，乐开书店曾移动至黄山西递音乐节摆书摊。在附近的碧山书局和碧山供销社，分别邂逅了《碧山 08：永续农耕》和《D&Department 开店术》，这两本书让我对永续和长效设计（Long-life Design）有了更多的认识，我和乐开的未来也因此有所转变。

"在今天的汉语中，'永续'是一个深具魅力的正面词语。令人悲哀的是，正是由于人类的经济、社会、文化出现了越来越多不可持续的危险，作为一种自我修复，永续，以及如何永续被人们广泛讨论，并被作为一种'新知'与实践，重新回到人间。"——《碧山》主编左靖。

"能经历时间证明、长久留存的设计才为长效设计。"——《D&D》创始人长冈贤明。在他经营的 D&D 二手商店里，主要售卖符合长效设计、能修理的可持续性商品，同时倡导再利用的设计和不设计的设计，店内一直坚持使用回收再利用的购物袋。

这两本书籍犹如突然闪现的光束，为我照亮了人生中被隐藏在黑暗中的角落，让我想要去探索永续生活方式的各种可能性。在我看来，永续是一种生活态度，当我用它去审视乐开书店时，我发现乐开自 2011 年以来，在围绕书籍所做的许多事情也是永续生活方式的一种，比如乐开的租书服务、自主研发的图书漂流和二手书交易平台，皆希望让书籍实现可持续循环阅读。同时，我也在反思一些违背永续的行为，比如乐开曾为顾客提供塑料袋，没有顾及对环境的影响。

在这个物质过剩的时代，在买买买的同时，我们很少去了解这些商品在废弃后如何处理；在追求企业利益时，我们有时忽略了给环境带来的负担；在生活越来越便利的同时，是否也耗费了许多不可再生的资源……如果地球资源即将耗尽，你会如何选择生活？因此，我选择让自己和乐开书店成为永续生活的探索者。

机缘巧合之下，2019 年，乐开书店遇见并入驻了内里百货。值得庆幸的是，我们在理念上竟有着诸多一致性。

内里百货是一个关于可持续设计和永续生活的策展集合空间，希望万物皆有来世，物尽其用，各得其所。乐开接下来的永续生活探索之路或将漫长而未知，但我们依然可以保持有趣，我们希望通过永续阅读的书籍、被永续设计的商品，以及旧物改造等活动，让永续设计渗入日常生活中。

乐开现在只是刚刚踏入永续的大门，还需要努力学习和探索，从一点一滴开始有所行动。现在乐开内里店，已经开始提供可回收再利用的购物袋方便顾客使用，目前尚未遭遇过顾客的拒绝，并且得到了一些顾客的非常认可，告诉我们下次来店时，会把家中留存的袋子带过来送给我们。我已经看到了蝴蝶扇动翅膀带来的细微影响，相信它会越聚越大，或许终将影响潮流的风向。

未来的乐开书店

即使乐开已经重新拥有了线下实体店，我们也仍将不定期做移动书店，希望把书籍带到更多原本不会出现的地方，与更多的人不期而遇。

无论是在书店里值班，还是在外移动摆书摊，常常有顾客问我：乐开书店是否可以营利。书籍有着统一定价，利润远低于其他商品，所以无法期望书籍直接带来高利润的回报，但是它却在其他方面给予你无限的回馈，比如：你会因书结识许多好朋友，你会在书籍中接触到诸多不一样的世界、解决人生中的许多难题。

自从开书店以来，我的物欲在不经意中下降了许多，有了书和朋友已觉富足无比。《浮生六记》中作者沈复的妻子曾说："布衣菜饭，可乐终身。"在保障温饱的基础上，做喜欢的事，足矣。

LEKAIBOOKS
乐 开 书 店

开业时间：2011 年 10 月

五角场店：上海市杨浦区邯郸路 399 号临街商铺内里百货内

新天地店：上海市黄浦区马当路 245 号新天地时尚购物中心质馆咖啡内

公 众 号：乐开书店

微 信 号：lekaibooks

书店格言：让好书与你不期而遇

❨23❩ 有遗憾没有后悔

朱越勤
嘉兴悦读书房创始人

记得小时候，我们县城，或者说大部分地方都只有一家书店——新华书店。因为特别喜欢到处闲逛，县城里的大店小店都是我经常转悠的地方。新华书店是我最常去的又最容易产生"情绪"的商店。

当时大部分的商店都是柜台式销售的，新华书店也不例外。所有的书都在柜台里面，想看清楚一本书，需要请营业员帮忙从柜台里拿出来。偏偏那个年代，新华书店属于国有企业，营业员都自带傲气，经常坐在柜台里埋头看自己喜爱的书，或忙自己手头的活，对顾客的要求时常是爱理不理，更何况是对一个小孩子的要求了。每次想让营业员帮忙拿一本书都需要看他（她）的脸色，万一多看几本又不买，他（她）就一脸不耐烦的样子。对一个生性腼腆的孩子来说，基本只能趴在柜台上，远远地看看那些书，过过眼瘾之后默默地走开。

那时候总是盼着六一儿童节快点到来，因为那一天爸爸会很大方地给我 10 块钱，让我自己挑选喜欢的书。每当这时，我才能理直气壮地要求营业员帮我从柜台里拿出那几本书，我在柜台外面已经相中了很久的书。那个时候，对书店营业员的情绪用"羡慕、嫉妒、恨"来形容是最准确的，他们怎么可以整天跟那么多书在一起，想看哪本看哪本，为什么我不能！那时对我来说，没有什么工作比书店营业员更美好了。于是，长大了要当一个书店营业员，就成了我的一个梦想。

后来慢慢长大了，离开了县城，发现在有些大的书店可以自己随意翻看，挑选自己喜爱的书籍，那种感觉特别好。之后的每个周末，书店都是我必去的地方。走进书店就像回到了一个很熟悉、很亲切的地方，里面有好多有意思的书等我去发现，去探索。每次去书店都会有新的发现。

再长大一些，我记得是在苏州，第一次发现书店可以和茶室连在一起，带给我好大的震撼和好感。可以在书店里随便逛，累了还能在书店里点一壶茶坐着看，这是多么惬意的享受啊。但在那个年代，独立书店不多，逛得最多的还是新华书店，很希望这样的独立书店在自己的城市也有一家。

八年前，有一个机会可以选择做自己想做的事情。于是，书店这个从小埋在心里的梦想又开始冒头了。一天，路过一家店面，门口贴着转让的告示，突然想走进去瞧瞧，店小小的，隔了两层，房租不贵，离家也不远。于是，很冲动地租了下来，经过一番筹备，开了一家小书店，取名"悦读书房"，希望能帮助大家发现读书的快乐吧！

刚开的前两年，自己都不知道开书店应该做些什么，对经营更加没什么概念，我以为只要选择好书放在店里，一定会有顾客认可，会有人喜欢。当时不会宣传，又不懂推广，基本没有什么人知道这家店的存在，有时好几天都没有一单生意，这个时候第一次产生退出的念头。

就在这期间，认识了一个爱书也热爱书店的小伙子，给了我很多鼓励和帮助。在他的帮助和策划下，书店开始组织各类文化沙龙、新书分享会，在嘉兴开始有了一点知名度。原来店面的格局并没有考虑到要做活动场地，所以每次活动都需要搬开所有的桌椅家具，就算这样，也容不下多少人。

这个时候，我开始考虑要不要重新装修？

2015年，悦读书房又重张开业了。书店里的色调比以前亮了很多，也有了可以做活动的场地和设备。来店里的客人都说好喜欢店里的环境和氛围，好多人都说这就是他们理想中的小书店的样子，羡慕我能做自己理想的事情，好几个客人都说也想开一家这样的店。

其实，个中滋味只有自己知道。从开业到重新装修，店里一直没有实现过营利，不仅装修费用，眼前赚的钱远远不够交房租的，每年都要往里倒贴钱。

可是，我只要待在店里，心里就特别安定，感觉有大把的时光跟书在一起真的很幸福。所以就算一直在倒贴钱，我还是自我安慰："就把开店的钱当成对我个人爱好的投资吧！反正我也没啥其他喜爱的事。"就这样，我打算只要房租涨得不是太多，就一直安安心心地把这家小店开下去。

有机会还是会主办一些文化活动，我选书的风格和品位也得到了很多顾客的认同，有些老顾客隔段时间就会来店里逛逛，选一堆他们喜爱的书回去。可是，我渐渐地发现，不管是买书的人，还是参加活动的人，在慢慢减少而不是增加。

2017年至2018年间，好几场活动都因为没有人参加无法如期举办，进店的顾客和图书的销量也比原来少。总结了一下原因，大概有三个：一是附近没有停车位，开车来很不方便；二是网络销售的折扣和便利，让很多人已经没有了在实体书店买书的愿望；第三个原因是因为店内面积有限，没办法安装专业的咖啡设备，只能给客人提供一些简单的茶饮，可选择的余地很小。

在连续几天都没有一个客人进来的情况下，我最初的决心开始动摇了。这时，有一家商场的老总找到我，希望我能去他们商场开店，并给了一系列的优惠条件。当然，那家商场邀请我去开店并给予优惠也是有原因的，一是他们非常喜欢我的书店和我选书的品位，还有就是他们商场的地理位置比较偏僻，人气并不旺，他们想通过书店来带动和提高商场的消费品位。

搬到新地方一定会损失一批老顾客，况且那家商场流量又不大；如果不搬，留在原地，估计也坚持不了多久。纠结了好久，最终还是决定尝试变动一下，也希望尝试通过水吧的销售弥补图书销售的不足。

经过半年多的准备，2018年10月，悦读书房搬到了商场内。场地比原来宽敞了许多，有了专门的咖啡设备，可以提供专业的咖啡和糕点，看起来更像一家专业的书店了。

令人遗憾的是，到目前为止，悦读书房还是没有赚钱，依然亏损。商场的人气果然很一般，比我想象得还要差很多。每天看着空空荡荡的店面，心里很不是滋味。

悦读书房，我自己经营已经快 8 年了。最近，我一直在考虑像我这种独立小书店存在的意义。商场自身的人流少人气不足是一个原因，但我想不出更多更好的点子，吸引顾客专程来我的独立小书店消费也是一个重要因素。

至今，我们还在不断地尝试通过举办各种活动来引流。可能因为店小、本身影响力不够，很多出版社很难安排作家到我们店里搞签售，仅靠一些其他收费类的活动，比如花艺、香道等，响应者寥寥。

我想，现在的人大概都太忙了吧。像在我们这样的小城市，文化活动的受众群体本来就不大。一家书店不靠卖书，而是需要通过贩卖文化活动来生存，对于我来说，已经失去了书店本身的意义。

有人说："不要抱怨这个行业不好，你做得不好一定有自己的原因。"的确，我的经营能力、组织能力、创意能力确实有限。目前的大环境，对一个只想安安静静地开一家小书店的店主来说，是非常不现实的。

按照现在的市场环境和大众消费习惯，单靠卖书的书店很难生存下去，我对传统书店的存在前景确实很不乐观。就算这样的窘境，我还是下不了决心退出，该做的活动依然在按部就班地张罗着，店长要离职，我就再找人；发现了一本好书依然会激动不已，真想马上搜来上架，尽管不知道什么时候才会被读者买走……

在这样的日常琐碎里，我仍能找到自己的乐趣，也许是一些顾客的夸赞——"这样的书店真是一个城市的桃花源"，正是这些顾客的赞许支撑着我苦苦地坚守着这份初心。

但有时，我真的有一种累了不想干的感觉，不知道还能坚持多久……

8 年的书店生涯，没有让我得到什么物质方面的收获，反而每年都要贴进很多钱。但回头看看，我依然没有为我当初的决定后悔，我真的喜欢跟我的书在一起。这么多年，通过书店的工作，我也认识了很多喜爱书的朋友，因为他们的鼓励和支持，我也获得了提升和成长。

这就是我，一个书店从业者 8 年的经历回顾，应该说有遗憾，但是没有后悔。就算将来我的书店不在了，我内心依然希望像我这样的独立小书店能在城市的某个角落生存着，我一定会经常光顾，因为那是我内心的"桃花源"。

悦 读 书 房
JOY OF READING

🕐 开业时间：2011 年 8 月

📍 地　　址：浙江省嘉兴市中关村广场购物中心二楼

👤 公 众 号：悦读书房

💬 微 信 号：ydsf523

💡 书店格言：愿悦读的灯光温暖您的心灵

拾得十年

24 杨 兆
南昌拾得书屋创始人

　　时间是流动的，也是静止的。一部《希腊罗马名人传》在商务印书馆 30 年来只有一本上册问世，出版社当时应该有计划要出后面的部分，可能因为种种原因没有出版，有心的读者为此等了 30 年……在书籍文明史上这般的情形很多，而作为端菜上桌的书店、书店人不知换了多少茬，书来来去去，人走走停停，中间的故事其实很平淡，像水一般。

　　2010 年，我开始做库存书店，此前我服务于新书书店。实际上爱书人对于古旧书（线装书）、新书（平装或精装书）的喜好是有亲疏的，而库存特价书是排不进这种喜好的。库存书在书的概念上比较模糊，能存在一时是拜现今百姓有限消费中的抬爱。

但是，什么书不是书呢？很多新书赶不上与本该相识的读者见面，最后就只好在我的书店里碰头了。我少时喜欢逛书店，进城后就爱遛旧书摊，不管是南昌的街心花园、花鸟市场，还是南京路、文教路，包括潘家园、大柳树、琉璃厂都是我曾逛过的地方。这些乱糟糟的落满尘埃的故纸和新书最大的不同就是它的旧，时间久远不时新了，但是书的温度没变。

卖新书要等出版社发货，寻旧书得靠自己去谋。最早以库存书为营生只是源于尝试，那时开店的一个重要理由就是投入不大，如果失败了就算了。

十年来，图书业态已经发生了巨大的变化，电商、网络改变了读者的消费习惯，有些当年的实体书店也做起了网络平台，而因为价格和服务的差异，导致更多实体书店不得不闭门歇业。

现在又有很多新型业态的书店起来，在热闹华丽中为这浮世绘出浓浓的欲求，其实不管什么业态的书店都是为招徕顾客，服务读者，也迎合了很多不需之需。顾客也好、书友也罢，如果要和其做朋友，就需要真诚——产品、交流、共融的基础、升华的底色……倘若不是机缘得巧，心胸、智慧擅长，最好还是简单些、平淡些好，所幸，拾得书屋暂存于这种简朴和平实之中。

十年来，我坚持自己选品。说来惭愧，在这么一点有限的范围内我都没有留得多少好书。最早的时候，我把选品的书单列在豆瓣上。2012 年之前，豆瓣书友强烈支持我们，让我们走稳了第一步。那时候，豆瓣上聚的人还是没散开的那一拨，回想起来，互联网初始就一直伴随着书店。

移动改变世界，随后 QQ 群火热一时，每天在群里交流书讯，讨论书和人，也有争吵不断，很多群员一看到讨论数在好几百条就不想爬楼从头看了。2015 年，由 QQ 群转战到微信群，爱读书的人也换了很多，最早的学生毕业离开了，加入职场的结婚生子了，成家立业的花更多精力去赚钱了……

读者就这样不断地新旧交替，而那些一直不变的书友才是真正书缘缔结，我们祝福离开的人继续舒展心灵、求知求真，还留守在这儿的人，就像老朋友那般自由来去。我关心的还有新来的读者，每当看到陌生的面孔认真浏览书架，那专注的眼神、微扬起的头，我都觉得特别难得，在一个相对闭塞的城市，花时间来书店的人来淘书，也算一种享受吧。此情此景真如卞之琳的《断章》。

开书店真是一门小生意，至少对于一个不求上进的小书店是如此。2013 年，我没有别的工作，就时常窝在书店，在最窘迫的时期还扒拉出一间分店。

秋天时，我经常在开启卷闸门后，洒扫门庭，除尘擦拭。在最孤独的时刻，才看清一年四季的阳光如此不同，它们照射的角度在窗台移动，铺一张蓝印花布，为书拍照，不同层次的明亮程度，在时空的衬映下，景致迥异。

在寂寥无人的书店，满架的先贤智者不会让你觉得空虚，这也许是开书店最大的好处吧。每天，我过着一成不变的生活，自己买菜煮饭，骑电动车拖货，邮寄快递，却很少有时间陪伴家人。三年多时间，书店波澜不惊，业绩毫无起色，甚至过得很灰色，因为书源狭窄加之脾性不开阔，书店总是布满雾霭氛围，我在狭小的分店尚能结交几位学生，而文教路店尽管读者多些，却始终低迷。

2016年的秋天，我又一次启程北上，为书而生存，为书而生活。

在众多读者中，我所知的有三位书界朋友特意登门。某一年春节后，还未开诗集书店的黄圣从湖北老家而来，他逛完南昌的旧书市后，在书店里静静地浏览书架，尤其是外国文学。

在很多打入冷宫的库存书里我是偏爱文学书的，所以七七八八的出版社像样的版权书我都会拣几本。但我的一贯毛病是进货数量小，觉得眼前一大堆不会那么快走完，下回还能补货，于是大量本该属于我的好书最终流走。如《见证》（花城出版社）、《纳博科夫文学讲稿》（上海三联书店）、《十里店》（上海人民出版社）、《近距离：怀俄明故事》（人民文学出版社）、《未央歌》（黄山书社）、《兰波传》（上海人民出版社）、《随风而行》（广西师范大学出版社），等等，这些书都曾数百本地堆在灰暗的库房里，落着北方干燥的灰尘。今天之所以说出这些书名，也许是因为今天见不到它们，但它们一直都在，只是走向了其他角落。有的书会走进喜爱者的书架，有的书被送到某些图书馆，那些借阅率极小的充样子的图书馆，多年以后可能会将其报废化浆，而幸运地流落旧书市的一部分，也许又会开启一段新的旅程。

具有诗人气质的旧书爱好者黄圣，是一位能沉下心翻找书架的书店人，因为他爱淘书的片刻享受，懂得书其实并不稀奇，而愿意舍身花时间做这件并不讨巧的事，实在太难得了。书太多了，无穷无尽，卖书者如果没有感情投入，书就只是普通商品，而爱在今天可是稀缺品。

我时常惦记旧书摊，不常住北京的几年里，每次到京进货，我都会在周末一大早赶赴潘家园，赶不上四点半的鬼市，只能坐五点多的早班车六点半左右到，然后逐个摊位地瞪与蹲，那时候一两个月泡一次，每次也能带回百来本书。现在想想，是职业精神还是嗜好，抑或是强迫症？夏天是最舒服的，一定要多去。

扎根在一个地方的人最有可能成为书店永久的朋友，但是也有每年来一回的那种书友。浙江诸暨的周老师就是那种连续几年一年一次的读者，他利用暑假带着孩子到南昌参加太极训练，每次来都到书店挑一些书，主要是给孩子读的，他自己选，也让孩子自己挑。炎夏的清晨，他们练功完毕，我们才刚刚开门，他选书很快，一两次就可以选完，然后我们打包直接发往他的家乡。记忆中和他聊天，记得其一是说绍兴人和诸暨人的不同，其二是教我一个健身的矫正姿势。

与用年来计算碰头概率的书友不同，我们也和某些读者经常见面，与这些读者见面比见我的父母次数还要多，有比较熟悉的，更多的是点头之交寒暄数句。我不禁想问问自己，这种机缘应该怎么对待呢？平淡处之还是刻意结交？以我的性格只会择人而定，内敛的排他性使得我沉浸于做事比做人更加自如。

书店的故事并不多，但这里汇聚了思想的交流，话题的流淌，休闲的放空。与那些知名书店那种知名人士聚首不同，我往往从那些普通大众身上备受感动，智者不仅仅存在高处、亮处、寒处。我经常看到裤子上打着两块补丁的拾荒者，双手除不尽油污的修理员，骑自行车专买医书的理工男，只想聊天不看书的老爷爷……更多的是普通人，在下班后或者周末来书店，带走难得入眼的一两本书，驻足间的熟悉宛若是老朋友。真的，人若能持久去一个地方，肯定会有情感的。

微信联系渐成习惯后，书店开始在微信群售卖书籍，由此打开了固定时空外的联络。没承想，书店的书被广而告之，希望得到书的人有所增加，买书的人更为广泛，好些读者只在线上买书，到书店来的人却少了，甚至到书店来只是取线上订购的书，匆匆来去，无暇逛书店了！对于这般读者，书店岂不是成了库房？

与四年前不同，与八年前更不同，"颜值"书店突起、"网红"经济走起，新的一代读者已然长成，但是他们与书的关系早已悄然改变，有时候想想，想要"坚守传统"，老书店只能陪伴老读者一起老去。

与书店业界比较，试看图书出版并不是全然变色。今天改头换面重新包装的出版物，其内容并没有变得"后现代化"，读者还不可能随着电子化进程而全然不需要有其传统内容的读物，古往今来的太阳依旧在照耀，在今天迷幻与科学大战多少回合之后，我们暂且还不能离开地球。

对于未来书店业，更多聚合的外向性作用必然是我们面临的挑战，不管是私密还是开放都是交互的。在这种背景下，书的组织似乎退居到环境主体之下。我承认靠对书的把握，对内容的组织，对低层次价格的取舍，促使像拾得书屋这样的书店得以存活，而未来，不久的将来，需要领略、需要改变的会更多更多。

我在北方游弋将近六七年，北方平原的人大多粗犷、耿直、简单，但好面子，说话爱讲好听的。北方干燥少雨，真是卖书的好地方，可惜读者太少。南方天气糟糕，南昌多雨，冬春季较为漫长，夏天又是难耐的炎热，读者多了那么一点点，开书店还是没有多大优势。总而言之，开一个没有商业计划的书店，只能算是个人狭隘的喜好，娱人娱己。

雨水滴在樟树叶上，记得樟树籽掉在书店门口，满地都是黏糊糊的，每天我来店里第一件事就是打扫，现在时常不在书店，倒是怀念起它们来。

⏱ 开业时间：2010 年 7 月

🪧 地　　址：江西省南昌市文教路 37 号

👤 公众号：拾得书屋

💬 微信号：shide2010

💡 书店格言：拾得书屋，传承书香

㉕ 我愿遁在遥远的时光里

周小舟
扬州器曰书坊创始人

小书店的"黄金一代"

公元 1201 年，南宋王朝的小朝廷还沉浸在"暖风熏得游人醉"的繁华之中。此间的人们还不知，蒙古人已经从茫茫草原奔来。6 年后，铁木真称汗，34 年后，灭金，79 年后，宋亡。

这一年宋宁宗在位，年号"嘉泰"。这是中国历史上一个非常平庸的政治断代符号，但频繁在种种善本著录中的曝光，成为古籍文化的高地。大概就是这个时期，南宋临安睦亲坊棚北大街上，出现了一家小书店，主人姓陈，便唤作"陈宅书铺"。

如今我们翻阅各种善本古籍，大致可以分为几种：官刻，巍峨庄严，仿若黄钟大吕，是最主流的善本；而坊刻，无论是题材还是形态，都给人一种清新愉悦之感，生机勃勃。坊刻的兴盛弥补了官刻的盲区，传统古籍以如此风华之姿一代代流传至今。

大概也是这一时期，中国出现了最早的一批书店，张择端《清明上河图》中，便画有挂着"书坊"店招的小书铺。在临安城里，除了"陈宅书铺"，还有"贾官人书铺"，以及从东京汴梁远道迁徙而来的"大相国寺东荣六郎家书铺"。这些书坊不仅刻书，也兼带卖书，以前店后坊的模式存世，众多刻书作坊，鳞次栉比，蔚为大观，堪称"黄金一代"。中国历史上可能再没有哪一群书店像他们一样在出版史上熠熠生辉。

再造善本，薪火相传

时光行进到公元 21 世纪，古老的图书印刷技艺早已式微。新兴阅读方式狂飙突进，图书早已不止是原来的样子。在这样一个时代，一个书店到底应该做什么？怀揣书店梦想的我在思考如何做一家安稳的小书店时，还是没能绕开那个让我魂牵梦萦的地方。我梦想把我的书店也做成"临安城睦亲坊棚北大街陈宅书铺"的样子，哪怕他只是众多"坊刻"善本古籍末尾的一行小字，谦卑而遥远。

2010 年前后，我独自一人蜗居于沪上一个狭小的亭子间里苦苦思索，最终在故纸堆里找到了方向，我下定决心还是走古籍刊刻、再造善本之路，让我的小书店也和 800 多年前南宋临安城里的那些小书铺一样，走一条不寻常的路。

对于典籍，中国历朝历代都有刊刻的传统，在前人的基础上增删，或是加入新的勘校成果，以彰显时代风气。元明影宋，清代影明，民国再影宋、元、明，正是有了这种薪火相传的"再造善本"的传统，中国的古籍才在流传之中近似实现了永恒。假如这种传统在我们这一代断了，该是多么可惜的事情。所以，从一开始，我便将目光锁定了"宋版书"——这个中国文化史至高无上的峰顶。我有心愿从前贤的手中接过再造善本的接力棒，为这门古老的文化传递能量。

我所身处的扬州，是繁华之地，世人多知"腰缠十万贯，骑鹤下扬州""二十四桥明月夜，玉人何处教吹箫"，却鲜有人知，扬州是明清之际雕版印刷繁荣之地。江宁织造曹寅受康熙帝之托，在此地刊刻了皇皇巨著《全唐诗》，从而孕育了江淮之地一批以雕版印刷技术安身立命的工匠之家，此风一直延续到民国，至今仍有"杭集扬帮"这样的雕版印刷非遗工艺存世。

能有这样的工艺遗存相助，是我最大的幸事。九年来，我的小书店陆续刊刻了影宋版《南方草木状》，影宋版《陶靖节先生诗注》，影宋版《淮海居士长短句》，影明版《文房图赞》，影刻金版《赵城经藏》等古籍善本，这是我前所未料的成果。

在此之前历代沿袭的雕版印刷出现过断层，将近百年时间是一个空白，能接过前人的接力棒，薪火相传，是最让我欣慰的事情。当以后的人们再聊起这些书的时候，再不会只以"民国"为断代下限，这个时代在传统古籍发展的历史长河中也可以发出微弱的光芒。

书店是理想的家园

然而"路漫漫其修远兮"，要想真正做成理想中的小书店，谈何容易？让我去卖咖啡，卖饮料，我不擅长。让我去推流行，跟时风，我不愿意。在媒体浸淫多年，加之初心不改，我一直在追问自己，如何做一个不一样的书店？

我做了非常多明确的拒绝性选择，让书店更多地保留书的习性，不要沾染流俗，更不要为妄念所蛊惑。

我对"小"有一种执念，我愿意在"小中见大"，而非"大而无当"。我深知很多书店的倒闭并非死于书店本身，而是死于浮夸的规划和盲目的跟风，以致混乱而失格于所谓的"理想"。

我的书店所有成本都有严格控制，没有任何铺张浪费的开销，没有任何花里胡哨的推广营销。我常常自嘲，这个小书店是"省"出来的。在大家都为客流烦恼的时候，我选择了远避喧嚣，把小书店安放在乡下，干脆断了"客流"之念。在大家都被网络书店的低折扣逼得喘不过气来的时候，我的小书店却靠"价格不打折""品质更优秀"硬扛了过来。

许多人都认为互联网对实体书店来说就是"洪水猛兽"。又有多少人知道，互联网搭建的虚拟新世界，其实是最好的"隐市"，我可以潜水，可以闭门不出，可以选择性交流，可以屏蔽掉许多不相干的人和事，让小书店享受一片真正的纯净。而我也就能省出更多的时间和精力做理想中的书和书店。

书店其实是很忙碌的，但这里也是一片最纯净的书籍天堂。在时光中切换，不知有汉，无论魏晋。我们从古籍的整理之中归纳传承的脉络，从古籍的修复之中寻找古籍的种种密码。器曰已经不仅仅是一个书店，更像是一个藏书楼或者一间图书馆。它从来没有门庭若市，却有冷冷清清的书页翻阅之声，就是这样一间书店，已经在和它同频的人心中深深扎下了根。

所有走在理想道路上的人是孤单的，但不是形单影孤，更非茕茕孑立。那种孤单只不过是一种高贵的自律而已。

陶渊明有诗云："采菊东篱下，悠然见南山。"正如林徽因引申的那样，真正的平静还不只是远避喧嚣，而是在心中"修篱种菊"。想想书店这么多年，确实是这样的，倘若只是"形隐"，可能很容易被俗世蚕食。只有真正的"神隐"，才是在俗世之外，辟出理想的家园。

我很庆幸，九年过去了，器曰书坊依旧只是"一间小书店"，非常安分地做着一间书店应该做的事情，网罗各种好书推荐。除此之外，雕版再造善本依然是我们永恒的主题，这是需要一辈子去做的事情。

老子说"上善若水"，器曰书坊和书相伴的这些年，我越来越深地理解了"善"的含义，也理解了为何要用"善"来形容书，谓之"善本"。理解了"善"自然也就明白"水"的含义。

在时光的长河中，我们永远只是渺小的一片浪花，尽心尽职地腾起和幻灭，重新化作流水，融入时光中。

器曰書坊

我 只 是 一 間 小 書 店

🕐 开 业 时 间：2010 年 5 月 27 日

🪧 地　　　址：江苏省扬州市刘集镇盘古村 82 号

👤 公 众 号：器曰

💬 微 信 号：qiyueshufang

💡 书 店 格 言：我只是一间小书店

书店，生命中的DNA

鲁宁馨
广州唐宁书店创始人

为什么要开书店？

一晃就16年了，突然发现开书店这件事情，我已经坚持了16年的时间，心底还是忍不住惊呼了一下，似乎有什么要蹦出来。

一路走来，被问到最多的问题是："为什么要开书店？"大多数情况下，我的回答是："因为那时候，广州没有一个我心目中的好书店。"的确，想开书店是因为"我心里有一间书店"，而且面目清晰，只不过我从未试过细细描述。随着我自己的阅历成长，"我心里那间书店"也在不断演变。

能有这样具象的感受，受益于在北京上大学的四年。在那之前，我有书的概念，但是没有书店的概念。那时候的北京，还有老北京的味道，老街老巷，散落着不同类型、各有性格的书店。

我记忆最深的是北京三联韬奋书店，美术馆后街路边，一共三层，学业不忙的周末基本都在泡那里。在秋风中，抱着刚在东安市场买的一纸袋糖炒栗子，走进三联书店，泡上一天，至今都是我大学时代最美好的记忆画面。三联的选书风格和三联出版社的出版风格相近，在那里，翻开书就可以遇见各路大家。吴宓、杨绛、钱钟书，还有尼采、波伏娃、罗曼·罗兰开始走入我的精神世界，那时的三联韬奋是一个理想火焰闪耀的地方。

有一段时间我去海淀上课，常去北京大学南门的一间风入松书店，后来才知道是北大的教授王炜创办的，入店迎门会读到"人，诗意地栖居"。虽然是学术书店，但是搬进了茶桌、椅子，有各种沙龙活动，季羡林、汪道涵、任继愈都去过。我记得在那里买到印象最深刻的一本书是周国平老师的《各自的朝圣路》，看进去便觉得物我两忘，只觉得头顶有一束光投下来，笼罩着自己。多年以后，与国平老师相识，第一次见面我给他鞠了一躬，表达谢意。

风入松往北，在东门的成府巷口有一间万圣书园，面积不大，哲学书为主，很有"众神降临"的感觉，书店英文名被译为"All Sages Bookstore"，应该也是通此意。后来，事隔多年之后，唐宁书店曾有幸和万圣书园一起被评为"最佳人文书店"，我坐在刘苏里老师身边，难掩小粉丝的雀跃。

还有一间我爱寻旧书的书店，是琉璃厂的中国书店，有一整层都是旧书，便宜得很，最有意思的是去看旧主人在书上写下的评语，留下的藏书章，忍不住去想这本书曾经的漂流经历，为此，我也养成了看书拿笔的习惯，总觉得这样读过的书才是和自己有关联的。

在北京还有一样特别之处，就是在劳动人民文化宫和地坛每年都会有的书市，露天的书档如同长街，人头涌涌，很容易在那里淘到各出版社的压箱宝，回忆起来似乎肩膀还能感知当年扛书的酸痛。

时隔多年，这些思维痕迹仍然无比清晰，各家书店点滴的好，一层层在我心中沉淀出好书店的模样。

毕业之后回到广州，因为没有这样的书店，我竟有很大的不适。也难怪，最早唐宁开店后，很多人都以为是40岁的中年人创办的，而那时的我不过是20岁出头的黄毛丫头。会予人如此的印象，我猜想还是受惠于20年前，北京那些调性厚重、对选书颇有讲究的书店的影响。

我的中学时代在广州，父母很忙，我和兄长各自都在学校寄宿。对于这座度过了青春期的城市，我其实是陌生的，直到开了唐宁书店，我才和这个城市有了不自知的莫大关联。从出生地的安徽搬到广州，来到一个新的城市就开始寄宿生活，十几岁的孩子很容易生出孤独感。那时，书籍就是我最大的陪伴，阅读让我跳脱于眼前，在脑海中有了一个想象中的世界，如影随形，让我对未来可能遇见的人与事有了无限的畅想。

创办唐宁书店的冲动，有一部分是为了寻找同好，让"心里那间书店"在生活的城市落地，让自己对于这座城市有了归属感。

16 年间，无论怎样的变化，能坚持下来有各种机缘，但最深处的是一份感恩，感恩那些年少时于我成长有深刻意义的书店。

城市里该有一间什么样的书店？

喜爱书店，才开了书店，所以这些年出去旅行的时候，所有的行程都必去逛当地的书店。博物馆是文化溯源的起点，而书店更能捕捉到一座城市现时的气质。

塞纳河边的莎士比亚书店透着慵懒和优雅，满满当当的书，需要不断地慢慢地淘，那只著名的书店猫，盘在书堆上看着你，她早就是那里的主人。

1999 年，《诺丁山》的电影带火了伦敦诺丁山街区的旅游书店，相比于书店本身，我更爱那里的咖啡馆、手工艺店、画廊和花店。还记得，在旅游书店对面的精品店里，我买了不少玻璃工艺品作为手信，店主特别有耐心地帮我一件件包好，还都点缀上别致的装饰方便我区分。

有两年经常去日本出差，忙完总是很晚，大多店铺都关门了，我便喜欢去那些开到凌晨两点的书店，特别安静。看不懂日文，就翻翻杂志，听听音乐，在日本书店里，我买得最多的就是 CD 碟。

我曾自己开一辆林肯的大吉普，跨了半个洛杉矶去"The Last Bookstore"。据说，书店主人的主意是要打造"地球毁灭前的最后一家书店"，整个书店很有剧场感，大厅里有硕大的罗马柱，有很多并不同通联的小角落里藏着各种奇思妙想的装置，充满了诙谐的黑色幽默感。

意大利、德国、西班牙……我没有计算曾经去过的书店数量，只觉得在书店可以最贴近当地人的思想状态。出乎意外的一间，是曼谷的 B2S 书店，3000 平方米的复合型书店，名字是"Book to Stationary"的缩写，书籍、文具、礼品、音乐、居家，整个空间都很有都市感，时尚又充满生活气息，热闹适度，每个人都有自己的空间，阅读或者下午茶，一点儿也不冲突，这间店的好不仅仅是文艺或品质，最关键的是看得出来：生意很好。

我和唐宁书店现在负责室内设计的设计师 Zen 最初合作的时候，对于设计的方向足有一个月都没有达成共识。我开玩笑地对 Zen 说："要把灵魂摆进去。"然后推荐了清水玲奈的《理想的书店》。倒不一定要在设计元素上受到什么启发，而是希望他的团队看了之后，会更具象地理解：什么是能在时光中留存的好书店？

理想的书店应该有自己的价值观，这个价值观如同无声的旋律会渗透进从书籍选品到书店空间的方方面面，成为具有文化吸引力的空间，聚集感知同频的人。好的书店应该有"社区的链接感"，与周边的社区、居民共生共长，如同邻里一般的存在。不仅是人与书邂逅的好地方，人与人对话的好处所，也是人与各种文化形式不期而遇的交融所在，成长为一个社区无可替代的"符号"。

经营书店也是在经营生活的语境

这两年书店越来越多，很多书店都是最美书店，对于我来说有点麻木，如果是空间的皮相之美，那是设计师的功劳，并不是经营者的成就。

在我的心目中，书品仍然是书店第一重要元素，分类应该从"学习知识的框架"入手，经典、案例、相关人物传记，看一眼书架，大致就能把一个知识大类的要点看清楚。书店的空间，应该让人能静下来，好听的音乐，合宜的灯光，坐下来发会儿呆都是很自然的。人和人的交流，展览也好，沙龙也好，手工课也好，都是为了让书店具备更丰富的语境。

16 年过去了，我期待的语境正在发生变化，这个语境里不仅有文字，更有生活。在这个语境里，父母与孩子可以重构亲子之间的平等关系，既相互陪伴也各有空间；在这个语境里，有共同兴趣的人可以相遇、相识，共读一本书，分享一杯酒；在这个语境里，有未曾意料的展览，好的设计，初次的体验，再有些小惊喜就更完美了。

所以，我把唐宁书店定格在生活方式书店，服务于社区的生活方式书店。在社区中创造"不一样"，让书店焕发出不断创新的活力，不仅是书籍阅读，更是生活阅读，让人们有了更多理由走进书店。毕竟，有意思的人相聚，才会让生活更有意思。

书店，生命中的 DNA

说到"开书店"，大家的反应常常是两极分化：有些人认为"文艺到不行"，有些人觉得"苦到不行"。对我来说，书店是丰厚的土壤。后来做品牌代理，做电商网站，到现在做文旅内容，都和在经营书店中得到的启示有关。

回味其中感受，让我联想起 10 年前读过的一本小书，郝明义写的《工作 DNA》。他被誉为"轮椅上的大家"，虽然从小患小儿麻痹症，却是台湾公认的最具个人魅力的出版人之一。在《工作 DNA》的扉页上，写着"工作的人，是三种动物，每种动物都该有它自己的生存智慧与生命之路……"刚开始时是小鸟，机会无穷，无限空间；如果继续成长，会成为骆驼，在茫茫沙漠中行走，混沌不明中也得看清方向；继续成长，变成鲸鱼，眼界大不相同，跃入自由的大海，就要接受海洋的一切，阳光也好，暴雨也好，都是为选择所必须承受的。

开书店的这 16 年，雀跃如小鸟般的阶段我经历过，负重如骆驼前行的历程我体验过，如今重回书店经营，确实像重回大海，心境、感受都截然不同。书店，于我已不再是一份个人的爱好，而是一份具备无限可能的终身事业，与很多的社区未来相连，与很多人的生活梦想相连。在我自己都未自知的情况下，书店变成了我生命中的 DNA。

唐宁書店
TANGNING BOOKS

开业时间：2003 年 8 月 30 日

广 粤 店：广东省广州市天河区珠江新城海风路
广粤天地 50—58 号

基 盛 店：广东省广州市番禺区兴泰路 296 号基盛万科
中央公园 B 区 2—4 层

四海城店：广东省广州市番禺区南村镇汉溪大道东 390 号
四海城商业广场一期 1240 铺

公 众 号：唐宁书店

微 信 号：tangning—bookstore

书店格言：以阅读喂养人文，以创意滋养生活

择一事，终一生

27　李　英
重庆蓝月亮书店创始人

　　王小波的《黄金时代》里有我最喜欢的一句话："那一天我
21岁，在我一生的黄金时代，我有好多奢望。我想爱，想吃，还
想一瞬间变成天上半明半暗的云。"

　　于我而言，大学里曾有过三个梦想：开一个花店，把日子过
成诗；开一家小咖啡馆，浪漫得不急不躁；开一间书店，物我两
忘惬意自在。

　　1998年7月，我从教育学院汉语言文学专业毕业，并没有成
为一名教师，而是进入一家事业单位开始了我的第一份工作——
会计。工作与所学专业并没有什么联系，三年后单位解体。后来，
又做过酒店的审计、房产公司行政。

但心中的梦想始终没有忘记。

失业后，一次城市间的游走，街面上一间间的小书店，狭小的空间，书密密匝匝地挤在书架上，店里多是学生顾客，我看着熙熙攘攘的人流，突然一个激灵：为什么我们县城除了新华书店以外，没有一家像样的书店？我要做一家不一样的书店，开出我心中的书店的样子！

我是"书店的孩子"，母亲是 20 世纪 80 年代的供销社图书售货员，父亲更是爱书如命，儿时的闲暇时光，我都是窝在书柜的角落里啃着书长大的。跟家人讲了我想开一家书店，圆大学时候的梦，老爸很支持。于是，想做就做，用心去做。带着这份家人给予的信心，我开启了我的造梦计划。

2003 年仲夏，蓝月亮书店诞生了。简单的书架，零落的文学书平放在白色的书架上，没有任何经验借鉴，不懂定位，不懂销售，只有一个念头：可以泡在书堆里看喜欢的书。

书店是大女儿一岁多时开业的，书店名就用了女儿的名字，寓意书店跟女儿一起长大，所以书店就像我的第二个孩子。我拿出了所有的积蓄 2.8 万，加上借的 22 万，开始了我的创业梦想。我家先生最初并不支持我的选择，因为我大学毕业就进到事业单位，习惯了朝九晚五的生活。但我并没有考虑那么多，就一股脑儿地扎了进去，带着自己的心，每个星期都去图书批发市场的各个摊位挑书、淘书。

在开书店的这些年里，我结识了很多学生顾客。其中，有一位女生印象特别深刻：张益，架着一副金丝眼镜，喜欢穿裙子，每次到店里话不多，自顾浏览书架上的书，看着挑着。周末得空就会靠着白色的书架看书，一待就是大半天，看上去比较内向。一个冬日的周六，天下着雨很冷，店里一个顾客都没有，她哈着手走进书店，看着她的鼻尖冻得通红，就问她要不要喝杯热水，她的脸一红，轻轻地摇了摇头，依旧在她喜欢的位置靠着书架坐下来看书。得空，我主动和她聊天……渐渐地熟悉起来。一聊起书，感觉有种光芒从她的眼睛透出来。

正是这些年结识的学生顾客感情最浓厚，从他们尝试地踏入书店到一有闲暇便会高频率地出入书店，和他们聊着上大学那会儿的梦想、开这家书店的初心……不知道是哪个"点"触碰到了他们的心，慢慢地从顾客变成了无话不聊的朋友，看着他们青春洋溢地经历中考、高考，在烈日炎炎的仲夏送他们走进各自喜爱的大学，再到踏入社会成为各行各业的白领精英，成家立业。

时光在指尖悄然划过，这些年，书店伴随着他们成长，这里有他们的专属记忆，我的小书虫们。

2017年12月22日，小雪，发布适合初冬窝读的书讯，益丫头留言：姐，给我挑几本寄过来吧！12月24日，感恩节收到书的益丫头兴奋地说："姐姐，我好想给你一个大大的拥抱，13年来总是给我满满的感动……"我们还在闲话着各自生活里的琐碎，一个陌生号码接入，花店的外派员说您朋友张益为您订的花已经送到书店，请勤换水。益丫头送给我的冬日茉莉，淡淡的清香，沁人心脾。电话没挂，我已泪眼迷离。

因为看过他们喜欢的作品，见证了他们的青春，小书虫们喜欢跟我聊作品里的人物、情节。慢慢地熟络了，小书虫们只要有闲暇就喜欢泡在书店里，很多学生家长很纳闷，一个这么小的书店究竟有什么魔力，一直吸引着他们，就算是在市区上学，他们回来的第一件事是来书店，而不是回家。

书店就像一个大树洞收藏了很多很多小书虫们的记忆：学霸李曼沙爱阅读爱文字，心思细腻才思敏捷，被保送就读中国人民大学中文系研究生；声音甜美的高露是个重情谊又爱笑的可爱女孩；爱旅行爱运动的王华杨，高二那年旅行回来还记得给我带礼物；爱汉服的陶池，把她喜爱的一套汉服送给我，一起分享着传统文化带给的情致乐趣；还有爱画画、爱摄影的文艺男生桂华南，腼腆、善良、豁达、爱动漫的罗彬豪，喜欢看古代言情穿越小说的玲，喜欢看玄幻推理的璐，喜欢陪着哈利迷孙子逛书店的李叔……谢谢你们这些书虫的陪伴！

实体书店坚守不易，但是总会有这些柔软温暖的感动让我觉得坚持下去的意义所在。人性亦如此：坚持做自己擅长的事。

开业时，书店的市场定位"剑走偏锋"，在这个县城除新华书店外的两家民营书店都是传统的教辅图书店，而我打破了这个格局，书店没做任何宣传，也没做任何活动，全靠我选回来的那些书撑着。那时候，不知道也不懂在我们这样的五线小县城做纯文学书是根本没法生存的。但是靠着年轻也灵活，自己看店，跟读者亲近，他们问什么，需要什么，就努力去帮他们找，为了让书店活下来，说出这句话好像挺无奈的。

随着年龄的增长，对很多事情的看法也在改变，兴趣爱好也在不断地发生改变。曾经害怕孤独，如今享受孤独。一切都在不知不觉中潜移默化，唯有阅读、运动、旅行，一直未曾改变，没有坚持地纠结，只有喜爱地执着。

阅读，是每天的日常，受到我的影响，两个女儿从小就喜欢阅读。

运动，让身体觉醒。我是一个对很多事情都充满好奇心的人，四年前我没想过我会走进健身房，三年前我没想过我会爱上健身，两年前我没想过我会喜欢晨起沿河道慢跑，更没想过我会有勇气去参加人生的第一次马拉松（半马）。喜欢运动，从开始单纯地想瘦身减肥，尝试了瑜伽、健身操、跑步、游泳、跳绳……到后来系统地跟着健身教练健身，每次运动过后，所有情绪、疲惫和压力一扫而光，感觉浑身充满能量。每天清晨 1 个小时的慢跑，每天下午 1 个小时的健身房器械训练，已经成为我的一种生活习惯。

和读书一样，运动好像已经是生活的一部分，深深地嵌入了我的生活。在我坚持每天跑步的半年后，2018 年 11 月 2 日，参加了我人生中的第一次马拉松（半马）比赛。我很喜欢《皮囊》里阿太说的一句话："肉体是拿来用的，又不是拿来伺候。"我希望我的生命活得更有质量。因为开始晨起跑步，我的生活和工作更加规律，每晚 10 点入睡，早晨 5 点半醒来，有了好的睡眠，身体状态也好了起来，困扰我 5 年的低血压不治而愈。有好的身体保障，工作起来精力更加充沛，所有的状态都积极正向地感染着身边的人。

在旅行的时候，我常常喜欢在一个城市停留一周以上的时间，住在同一个地方，用当地人最常用的出行方式：步行、自行车、电动车、公交或者地铁。从晨曦渐露到华灯初上，老街小巷、林野山间。喜欢亲自逛逛菜市，动手做两餐饭。逛一逛书店、博物馆、美术展等，必不可少。用眼睛定格美好，用文字记录旅行的意义。

话说一家好的书店店主，要有着深厚的文化基础和审美眼光。这些积累和积淀要靠自身多读书，不受限制地翻阅各种各样的书，更要多走多学习。将生活点滴融入书店的角角落落，书店便有了独特的灵魂与个性。

书店经营 17 年，期间经历了四个阶段转型融合：装修、搬迁、分店、扩店。几乎每两三年"折腾"一次，带着这份执着及热爱，书店在折腾中，通过不断地走访、学习，从开始的模仿到建立自己的体系，员工从无到现在的 23 人，从以前的夫妻店到现在的团队管理，从以前的货卖堆山的随意性采购到合理安排的采供销，从情感维系的员工管理到绩效激励、共创搭建平台，书店慢慢有了起色。

我就是最普通的书业人，绘本"花婆婆"说每个人要做一件让世界变得更美的事。而我正在做一件让我生活的这座城市更温暖的事：让蓝月亮书店成为除了家、单位（学校）以外最闲适最安全的第三空间，也是储存读者的美好记忆的大树洞，让所有关于书、关于阅读的柔软而温暖的记忆定格在读者朋友的心里。

2018 年年末，蓝月亮书店搬入新店，面积 1200 平方米，书店分了五个板块：时光廊、礼遇纪、书学坊、理想国和小书萌。一年多的运营，我们做了很多尝试：B612 星球读书会，聚在一起，用各自自转的力量彼此影响。活动第一期，我们做了线上读书打卡的预热。活动第二期，我们启动了每周五晚的线下读书活动。

不做预设，希望能带动更多的读者重拾阅读之心。

　　择一事，终一生。对于书，从小便喜爱，对于我的书店，如襁褓中的婴儿，陪伴至今日明眸皓齿的囡囡，我想我会就这样爱下去。

🕐　开业时间：2003 年 7 月 29 日

📍　地　　址：重庆市綦江区九龙大道 11 号附 36 号蓝月亮书店

👤　微信公号：綦江蓝月亮书店

💬　微 信 号：qjylsd

💡　书店格言：蓝月亮，一间有温度的书店

28 书店就是我的世界

徐智勇

秦皇岛龙媒书店创始人 / 口述　　雅　倩 / 整理

在我每日生活的这座海滨城市里，如果你愿意，可以在任意时刻去海边听听浪涛的声音，或者在傍晚回家的路上欣赏海上的落日。大海，已经成为我生活的一部分，而我生活的另外一个更重要的部分，就是我的书店。

穿过市中心热闹的太阳城商业街，在一座不太显眼的商业大厦的三楼，你会遇到我的书店。自从 2005 年把龙媒书店搬到了这里，我的世界就在这里打开。

就像大海赋予这座城市包容、内敛、温柔的性格，我也是个愿意顺从命运的人。那年我 21 岁，在众人的劝说之下，为自己找一份可以谋生的职业，因为哥哥徐智明在北京创办了龙之媒广告书店，所以我也选择了开书店。没想到，这一开就是22 年，整个青春岁月都是陪伴着这家书店度过的，如今已经人到中年。

就像那些因为喜欢大海而选择留在这座城市的人一样，我也同样因为喜欢坐在书店里，享受等待那些未知的读者登门的感觉，同时为我带来外面世界的新鲜故事。从一个并不嗜书的人，变成了半生都安心守在书店里的人。有的人是因为对书籍的喜爱太过强烈，才会去完成开书店的心愿。而我则是因为开了这家小书店，开始对书籍倾注全部的感情。

在 1997 年的春节决定开书店之后，我就去了北京，对各种书店进行考察，当年的风入松、三联、国林风等人文社科书店都是很成功的好书店的榜样。于是，自己也想向这些书店学习，开一家具有人文气质的书店。现在想起来，当年的那种干劲，真是初生牛犊不怕虎。

于是，1997 年 3 月初，我开始在秦皇岛市区范围内寻找合适的店面，探访书店。当时的秦皇岛刚刚开始出现一些计算机、科技等专业性比较强的民营书店。后来，经朋友介绍找到第一个书店的店面，有 100 平方米左右，位于四道桥汽车站附近，是当时连接大学和市区的中转站。燕山大学等学校的学生，都要在这里下车，步行到当时的商业中心。

书店临街，又在主干道上，算是我三个店面中位置最好的一个。4 月 20 日，我把精心选购的书籍，整整齐齐地摆满了高高的书架，还专门做了三联专柜，挂好店招，自以为万事大吉，请大哥和做书店的朋友来参观。他们觉得书店的准备并不完善，于是连夜做了很多细节的修改。同时，大家共同讨论，为书店选择正式开业的好日子。由于书店的定位是服务于秦皇岛的读书人，也想为年轻人提供一个有归属感的地方，于是把开业时间定在了5月4日青年节。

如今回想起来，书店刚刚开始做的五六年里，我仅凭着自己的一腔热情去投入，同时也觉得有责任为家乡开一家好书店，再到后来开书店慢慢变成一种习惯。现在，书店已经变成一种难以割舍的情怀。

2005年，我买下了目前书店所在的店面，也为书店的发展解决了部分后顾之忧。

在龙媒书店陪伴大家成长的22年里，有很多读者也伴随着书店成长起来。有一些读者朋友，初来书店时还是个学生，如今已成家立业，又带着自己的孩子来书店。也有许多在外地或者海外求学的读者，回乡之后也总是不会忘记来书店看看，找我聊聊天。我想这大概是因为，书店是这些孩子与外界联系初始的地方，书店里总能找到美好的回忆和场景，只要这家书店还在，他们青春的记忆就还在，随时可以来书店追溯自己往日的时光。所以，有时我会觉得，这家书店早已经不单单属于我一个人，而是属于在这里留下故事的读者们，是我们一起共同造就了书店。

在这些从读者变成朋友的人中，有这样一位刘先生令我印象深刻。1997年，书店就开在他工作单位的对面，他的女儿刚刚一岁，从那时起，他就带着小女儿逛书店。后来搬到第二家店、第三家店，他都会带着女儿来书店。我特别欣赏他在书店里和女儿交流书籍时的态度，女儿从小到大，他都是以平等的身份，和女儿讨论各自喜欢的书店，互相推荐各自喜欢看的书籍，交流读书体会。在他女儿读高中的时候，为了陪女儿一起学习，同时也为了增添女儿学习的动力，他在已有硕士学历的基础上，再次报名了研究生考试。最终，他女儿考入了北京大学，他本人也取得了双硕士学位。平日里，我经常会跟他交流书籍信息，请他推荐最近读过的好书给我。

开书店的这些年里，正是无数个像刘先生这样的读者朋友，以个人的专业度和对书籍的研读，为我提供选书的建议。所以，店里的书主要是以我的口味和读者的需要共同构成。我一向认为读者在自己的专业领域要比我精通得多，而且读者对书的看法相对更加客观。在坚持书店选书的总体定位之上，一直需要有选择地采纳读者的建议。

熟悉我的人都知道我是个喜欢聊天的人。泡一壶茶，坐在书店柔软的沙发上和客人闲聊，大概是我留给大多数人的印象。虽然，开书店这件事远不是我看上去拥有的这份悠闲，但在辛苦和操劳之余，我更加享受这种在书店和读者聊天的状态。无论是新读者还是老朋友，我喜欢听他们跟我分享他们对于书籍的理解，倾听他们周游世界的经历，期待他们给我讲述各种有趣的故事。而这些读者，也多半愿意找一个和他们的生活并没有特别交集的人聊天，因为我们互相都没有戒备心。这种状态就像《书店日记》的作者肖恩所说的"坐在书店里，就有好故事上门"。

近几日，我正在读一本英国一家名叫"书店"的店主所写的

《书店日记》，他认真记录着书店里每天发生的故事，嬉笑怒骂间处处透露着真性情。同为书店人，读来我也有着几分共鸣之处。想来，也颇有些遗憾，如果我也能像肖恩一样，坚持记录书店每日的点滴，把我曾经在书店聊天的故事都写下来，哪怕只是作为回忆也是值得的。

因为喜欢聊天这件事，被更多读者熟知，也吸引了更多喜欢交流的朋友来到书店。比如每年大年初四，书店都会自发聚集一屋子的读者来找我聊天，其中的大部分人都是长居外地的读者。在春节回乡探亲之余，总会惦记着来书店坐一坐，聊一聊。后来慢慢形成了习惯，每年的大年初四我都会早早来到店里，布置好座椅，沏好茶水，等待大家的到来。其实，大年初四书店本来是不营业的，因为书店所在的整个大厦都是不营业的。

近几年，在书店里举办的各种主题的交流活动，其实也是源于我喜欢和大家交流的初衷。广西师范大学出版社举办的"加油书店"也给了书店一个契机。从第一届"加油书店"之后，店里开始有系统地组织策划各种类型的活动。无论是店员体验、书籍共读，还是花艺学习、红酒品鉴等，都是想让大家在书店里和其他读者有着更多联结。

在网络社交逐渐开始替代线下的面对面社交的今天，我希望"去书店"这件事可以给大家提供一个愿意彼此相见的理由。同时为了让书店与城市中的年轻人产生更多的联结，近几年，书店也在持续举办电影的点映活动，特别是艺术类、小众类型的电影。每年的寒暑假，书店都会开放实习岗位供回乡的大学生们实践，给他们一个了解书店的机会，同时也给我一个和年轻人交流学习的契机。

我试图通过各种类型的书店活动，为来到书店的读者营造一种学习的氛围，来书店不仅可以买到书籍，同样可以和志同道合的人互相交流，可以满足某种知识或是技能的学习要求。

无独有偶，2020年1月，北京图书订货会期间，由中国书刊发行业协会、百道网主办了以"书店重做与高质量发展"为主题的2020中国书店大会，发布了《2019—2020中国实体书店产业报告》。报告中《学习场：书店价值重做》指出，未来书店的核心价值——成为消费者的"学习场"，探讨了"书店重做"，以及如何通过各种书与非书的内容、阅读与非阅读的形式，打造服务于读者的终身学习的"学习场"。

其实，在书店走过这么多年之后，从最开始的无知者无畏，只为选择一份职业，到后来慢慢发觉，是开书店这件事成就了我。书店这个行业本身很容易受到大家的偏爱，虽然我本人在开书店之初并不是一个书虫，但是读者们还是愿意到书店里和我交流。我想，有时候，读者其实是因为喜欢书店，喜欢书店这个行业，才爱屋及乌，对我有了好感。

真心地感谢这些年在我身边的读者和朋友们的帮助，是他们给了我一直坚持开书店的信心。在每一次阅读的体验和每位与我分享故事的读者的讲述中，我拥有了更为广阔的世界。

我的书店，就是我的世界。在这个书的小世界里，我享受坐拥书城的快乐。

龍媒書店
LONGMEI BOOKSTORE©

开业时间：1997 年 5 月 4 日

地　　址：河北省秦皇岛市海港区太阳城商业中心广场

银海大厦 312 室

微信公号：秦皇岛龙媒书店

微 信 号：longmeibookstore

书店格言：天马徕，从西极，天马徕，龙之媒

（29）

纵然门外车水马龙，
屋内的时光依然细水长流

石 头
佛山先行书店主理人/口述　叮　当/整理

　　佛山老城区垂虹路27号，一栋临街的老旧居民楼首层，斑驳泛黄的石米墙身上，挂着一件镂空镌刻着"先行图书"的锈铁。先行书店就在这里。

　　推开素色的栅栏门，踏着石板路，走过野趣盎然的小庭院，"叉烧"（先行书店的喵星人，读者眼中真正的书店店长）趴在书堆上，一副"你来与不来，我都在这里"的傲娇范儿。书店里一排黑色落地玻璃窗，社区的绿肺——垂虹公园尽收眼底；微风吹过，沿路的紫荆花瓣徐徐洒落窗前。

　　20世纪80年代建成的旧楼，因为不是框架结构无法拆除，不能重新布局，索性将错就错，利用一面面的书墙作为空间区隔，咖啡座、花房、阅读区伴着柔和的灯光错落其中，每个小空间在开放中又各自保有独立性，读者游走其中，穿廊而过，淘书之余，更添几分探幽与想象的乐趣。

三年前，我把先行书店安放在这所老房子里，觉得就是冥冥之中的安排。

有些事情不是看到了希望才去坚持，而是坚持了才会看到希望。

先行书店始建于 1995 年。作为佛山历史最长的独立书店之一，陪伴了几代人的成长。

一直以来，我被问得最多的问题是：为什么开书店？因为在大众的眼中，开书店总是一件很有情怀的事情。被问得多了，我也就常常回复一句话：喜欢书和开书店是两回事，别把它想象得那么浪漫。

对于 20 世纪 70 年代初出生的我来说，如今早已过了不惑之年。年轻的时候，做过很多不同的职业，不断尝试各种新的角色，在这个过程里，遇见了书，鬼使神差地做起了书店的行当，一做就二十多年。其间几起几落，面对互联网的冲击以及租金压力、人力成本等因素的巨大影响，从最初 500 多平方米的豪宅，几经搬迁，一度蜗居在 50 平方米的空间。

生意难做，家人也曾劝我改行。我也不知道为什么，反正就从来没有想过要放弃书店。我是幸运的，在最困难的时候，总是得到很多人的帮助。有些客人主动介绍业务，出谋献策，好像比我自己还要紧张，比我自己还要害怕书店结业。读者朋友们谈起书店，总是随口而出："我们书店这样……我们书店那样……"

一句的"我们书店",让内心充满了感恩和温暖。

就这样步履蹒跚地走到了2016年,实体书店似乎有了起色,于是自筹资金,把先行书店搬到了自置物业里,也就是文中开头那栋老旧居民楼的首层,面积从以前的100平方米变成160平方米,后来租下隔壁单元扩成现在的300平方米。

以前的搬迁纯粹是大店搬小店,书架、设备等还是用回以前的,毫无设计的概念。而这次是从零开始,几个设计师都是先行多年的老读者。他们主动请缨,免费为先行精心设计布置,也有热心读者主动承担花园的料理工作,真的很感激他们。先行书店能走到今天,不是我一个人的坚持,而是一群人的坚持。

从2016年8月开始,新店的装修布置循序渐进。从布局的商讨开始,量尺寸、购地砖、买材料,木匠、水电、粉刷、种花……我都亲力亲为。在一点一滴的努力下,新店慢慢有了理想的模样。在新店的装修过程中,焦虑和不安是困扰最多的情绪。害怕、担心,很多不确定的因素,我暴瘦了十几斤,衣服也从原来的L码减成了M码。

终于,在一大群热心读者的操心和帮忙下,先行的新家建好了,或许没有名牌书店那样富丽堂皇的装潢,但这里的点点滴滴,都凝聚着很多热爱它的人的心血。

书店刚装修好的时候,常常一个人在书店坐到很晚,不舍得走,很喜欢,发自内心的喜欢,感觉就像梦想成真一样。自己能够拥有这么漂亮的书店,真的比中了500万彩票还要高兴。

有人说:有店,就会有人;有人,就会有故事。每天,小栅栏门一推开,这里就像小剧场一样,上演着各式各样人与书、人与人相遇的故事。

因为先行书店，我们把家安在了这里

若婴，一个不到 8 岁的小女孩，从识字开始就跟随妈妈"混迹"于先行书店。先行，成了她日常最流连忘返的地方。久而久之，一家人萌生了与先行为邻的想法。用若婴妈妈的话来说，选择住在先行旁边，与书为邻，该是一件多么幸福的事情。就这样，他们把家安在了和先行同一个老社区里，从此，不论春夏都与书香为伴。像这样因为爱上一家书店而恋上一个社区的不止若婴一家，还有艺术工作者老昆、私人企业主老张，等等，数也数不过来。

24 年，先行书店虽历经四度搬迁，始终不曾离开过这片社区。我在这里长大，对这里一草一树、一砖一瓦都有着很深的感情。书店的常客中不乏文化艺术工作者，因为喜欢书店，甚至把工作室搬到了书店附近。慢慢地，围绕着书店周边开始出现越来越多的艺术工作室、设计师工作室、花艺社、咖啡厅、小众的艺术展览空间，以及各种各样有趣的小店。

最近，移居海外的著名画家杨诘苍专门回到他的故乡——佛山寻觅一处理想场所作为展馆和画室。当他无意中逛进了先行书店，就喜欢上了这里，找我帮他在这个社区物色合适的空间。

书店就像一根缘分的纽带，连接着社区周边的人和事。因为先行书店，社区的气质悄然发生着变化。

先行书店，城市里的公共客厅

"感恩还有这么美好的地方，让我们有机会在繁忙里找回简单的自己，这是一个很有温度的地方。"一位读者在书店留言簿上写下了这样一句话。

因为店主的不同性格，每一家独立书店都会呈现出千姿百态的调性。一直以来，我随性而又不拘小节地经营着书店，才让先行有了其独特的个性和态度。也许就是这种率性、质朴，让读者们感到分外放松和温暖。

如今的先行，俨如社区里的公共客厅，是这个城市里最温暖的小据点。来看书或喝咖啡的人彼此面熟，老板的绰号人人知道。每逢周末，先行都会举办各种活动，读书会、新书发布会、旅游分享、电影放映与交流、演奏会、丰富多彩的展览……

为生存也好，为社会责任也好，都很庆幸，自己还为这座城市提供着充满诗意的栖居场所。

全年无休的书店

一年 365 日全年无休，这事说起来简单，做起来真不容易。

每天早上九点半到店，晚上等最后一个读者走了，才能关门收铺，往往到深夜十一二点都是常有的事。春节，店员放假了，我也依然坚持自己看店。我觉得，作为佛山为数不多的独立书店，有责任让书店 365 天不打烊。

等待那些愿意来书店消磨时间的人，哪怕只有一个。

不是在书店，就是在去书店的路上

从事书店行业超过 20 年，我心里一直都有一个梦想——书店漫游。我和 Sally（书萌创始人，12 年书店从业经验）、Tiger（PINBOOK 创始人）、Wen（广州某知名书店选品人）经过一番密谋之后，在 2019 年的 3 月 14 日，从佛山先行书店出发，开着我曾经用来送书和杂志的面包车，开始了对全国书店的拜访之旅——书萌书店行。

一路上，这群爱书爱书店的人带着所有和书店相关的话题，用最诚意的脚步去丈量书店，去探讨书店的生存现状和未来发展蓝图。

Sally 说，之所以选择佛山作为起点，是因为这里有一家书店叫先行，先天下而行，历经五次搬迁而初心不改。所以书萌，也要学习先行的精神，先天下而行，百折不挠，实现心中的理想。

现在，我和小伙伴已经完成第一季的行程，先后走过佛山、潮州、厦门、泉州、福州、温州、宁波、杭州、苏州、上海和南京等十几个城市三十多家书店，与书店店主、爱书的朋友一起互相交流学习。

书萌新的书店行也在准备当中，很快就会继续启程——书店行。

经营一家实体书店，会经历很多彷徨和焦虑的时刻，但欣慰的是看到经过努力后的先行书店的点滴变化和进步。

所谓"酒香也怕巷子深"，对于书店未来的发展，就是：想法很多，要慢慢来，要一件事情一件事情地用心做好。书店就像我的二胎，我会把它照顾好，不忘初心，方得始终。

S e n s i n g
b o o k s t o r e

🕐 开业时间：1995 年 7 月 16 日

🪧 垂虹路店：广东省佛山市垂虹路 27 号

🪧 环宇城店：广东省佛山市中海环宇城

👤 公 众 号：先行书店

💬 微 信 号：FSXXTS

💡 书店格言：与书为友，不孤独的人生旅途

一家书店的漂游

30 **朱 帅**
北京佳作书局主理人

Paragon Book shop

　　1938 年二战前夜，34 岁的犹太记者马法伯（Max Marzell Faerber）孤身一人从维也纳踏上了驶往上海的轮船。此时，他望着船底的漆黑波浪，尚不知道自己会在地球的另一端，因为一份崭新的事业而为世人熟知。

　　当他终于远离纳粹铁蹄下的故国，远渡重洋之后看到的却并非是一个遥远东方的世外桃源——1938 年，淞沪会战硝烟未冷，上海租界成为昨日世界的最后一片绿洲，同时也是侵略者战争版图中的"肉中刺"。300 万难民逃难而来，中国人、锡克族印度人和犹太难民聚集于此。马法伯作为他们中的一员，为了取得在上海的居住权，在难民报谋求了一份业务经理的工作。然而好景不长，随着日军占领上海华界，公共租界沦陷，日军开始对英文报刊实行严格管控。

在这样的背景下，马法伯做起了图书生意，他从世界各地寻觅历史文化类书籍，继而销往本地与海外。1942 年，这门生意开始走上正轨。不久，马法伯便开起了自己的门店，并命名为"Paragon Book shop"，最初经营的书目种类包括哲学、传记、历史、中国问题、科学及各种语言文学。书店的选址也饶有兴味，选在了当时法租界的中心，位于蒲石路（今长乐路）与迈尔西爱路（今茂名南路）路口东南角的华懋公寓（Cathay Mansion），这座公寓由维克多·沙逊（Victor Sassoon）设计建造，是上海当时第一栋超过十层的公寓楼，1941 年以后又成为英美外交官的临时居所。选址于此除了有助于生意之外，更有意外之喜。

1941 年，一位名叫瑞秋·瑞伊·科恩（Rachel Rae Cohen）的犹太姑娘在书店与马法伯相遇，出于对书籍的热爱，以及对东方世界的共同兴趣，两人很快相恋，于 1945 年在上海结婚。

不久，时局再次陷入动荡。解放战争的步伐来到上海，滞留在那里的英国、法国及德国难民开始撤退。美国在此时向犹太人伸出了橄榄枝，有限额地为滞留在上海的欧洲犹太人发放移民签证。于是，马法伯夫妇就将这家东方书店，连同 1.5 万本藏书一起搬去了纽约。

Paragon Book Gallery

抵达纽约后，书店从 Paragon Book Shop 正式更名为 Paragon Book Gallery。在相对自由和平的环境里，书店继续深入经营与亚洲相关的书籍，也因此获得了"美国的东方书店"的美誉。随着其逐渐被亚洲文化研究者们熟知，这里也成为当时一众研究者、收藏家和爱好者的聚集地，他们着迷于夫妻二人讲述的老上海的奇闻逸事。

20 世纪 60 年代，Paragon Book Gallery 的书籍已多达 10 万余册，业务范围涵盖四五十个国家，同时开展了名为"Paragon Reprint"的出版业务，开始再版重印珍稀和绝版书籍。随着书店的规模逐渐扩大，很多社会名流成为书店的固定客户，如奥地利总统库尔特·瓦尔德海姆（Kurt Waldheim）、印度古典音乐家阿里·阿卡巴汉（Ali Akbar Khan）、美国演员李·斯特拉斯伯格（Lee Strasberg）、美国爵士乐号手赛佛·瑞森（Doc Severinsen），以及许多学术界人士，如美国学者、芝加哥大学研究中国文学的荣誉退休教授芮效卫（David Roy）、纽约大学的艺术史学者亚历山大·索柏（Alexander Soper）、丹佛艺术博物馆的考古学家艾玛·邦克（Emma Bunker），等等。

1979 年，马法伯在纽约逝世，享年 75 岁，瑞秋与旧友约瑟夫·亚伯拉罕（Joseph Abraham）继续经营书店，但是由于两人年事已高，四年之后，原址租约到期，两人便将书店转手给琳达·克莱默（Linda Kramer）和罗伯塔·胡贝尔（Roberta Huber），书店搬迁到纽约曼哈顿上西区的碧根酒店（Beacon Hotel）新址。

在 1990 年前后，书店被一位来自芝加哥的亚洲艺术品商人杰弗里·莫埃买下，并迁往芝加哥。这一时期，Paragon Book Gallery 的规模不断扩充，书店长期以来的古旧书收藏业务也得到延续，还收并了旧金山 Fong Plummer 书店的所有库存和许多私人图书馆的藏书，包括已故研究日本艺术的著名教授佩内洛普·梅森（Penelope E. Mason）与已故亚洲艺术品收藏家厄尔·摩尔斯（Earl Morse）的藏书。除此之外，书店还以 Art Media Resources 出版社为名继续出版与亚洲艺术相关的书籍，与大英博物馆、芝加哥大学、明尼阿波尼斯艺术馆、华美协进社等博物馆合作，出版发行东方艺术类展览图录与研究著作，主题涵盖中国、印度、日韩以及东南亚等地区的书画、器物、宗教美术及艺术理论等。

自诞生之日起，这家书店几乎一直处于漂流之中，当 Paragon Book Gallery 的第三代主人莫埃逐渐衰老，书店再次陷入无人继承、亟须转手的困境。此时，它的命运又一次发生了转折，我意外地成了它的新主人。

佳作书局·央美店

我早年在中央美术学院和中国美术学院学习美术史和美术文献学，曾在求学期间通过各种途径购买书籍，同时还帮助学者朋友们寻找绝版图书。在这个过程中，成为 Paragon Book Gallery 的客户，每年都会在书店选购大量的书籍。

2014 年初，我和妻子经过一番筹措，正式接手书店，将它落户北京花家地，并将 Paragon Book Gallery（原为典范、优秀之意）

译名为"佳作书局"。由此，这家书店在经过近一个世纪的种种变动之后，重归诞生之地。

我们接手佳作书局后，保持了书店的传统，从不同的渠道回收老书和个人收藏。如著名艺术史家巫鸿、汉学家包华石（Martin Powers）、中国艺术史学者艾瑞兹（Richard Edwards）、日本艺术研究者内洛普·梅森（Penelope E. Mason）、亚洲艺术品收藏家厄尔·穆思（Earl Morse），以及美国古董收藏家弗兰克尔（E & J Frankel）的图书收藏都曾通过佳作书局得以留存。

自 1959 年开始，在书店购书的芮效卫（David Roy），也在耄耋之年再度联系佳作书局，希望让陪伴自己多年的重要书籍再次回到相遇之地，留给更多需要它们的人，他说："这些书都是一本一本地被买回来，然后慢慢地累积，最后又回到了佳作。我非常珍视这样的时刻。"

佳作始终保有出版业务，曾与多家博物馆、大学、研究机构和学者合作，陆续出版发行了高水准艺术著作。2018 年，由佳作书局策划、文物出版社出版的《士林典藏：稀见木作小文房》中文版正式发布，这是国内首本专注研究中国明清时期木作类文房小件的著作，引发了行业内的极大关注。书店与芝加哥大学东亚艺术中心也保持了长久的合作，每年都会出版学术研讨会文集，2019 年出版的《多元的屏风（The Multivalent Screen）》是该系列的第六本。

与此同时，书店经营者启动了关于佳作书局的"复兴计划"，在继续为读者提供高品质东亚研究文献资源的同时，凭借自身的艺术专业背景，不断扩充艺术类书籍，从东方古代艺术慢慢拓展到西方现当代艺术，范围涵盖近 100 年内的所有优质出版物，增加了非洲、澳洲、古埃及等各艺术门类，包含英、日、德、法等不同语言的书籍。

佳作书局·798 旗舰店

在花家地期间，佳作书局开始尝试在书店内举办一些学术、艺术相关的活动。虽然书局的空间在渐渐扩充，但作为活动场地依然规模不足。在 798 艺术区参加某次活动的时候，看到蜂巢艺术中心旁边的空间在对外出租，便承租下来。

2019 年 6 月，佳作书局·798 旗舰店正式开业，新店的空间面积约为 500 平方米，店内的木制书架、蓝绿色花砖与圆形吊灯装饰散发着典雅气息，图书的选品也进行了升级，在原版外文书籍之外，还添加了中文书，涵盖了从绘画、书法、艺术史到摄影、电影与设计等多个艺术门类的相关内容。

沙龙区、艺术展厅、资料馆、咖啡饮品区等功能区域的开拓，也让丰富的空间得以利用。一楼的艺术展厅是图书区之外的独立空间，平日里会展出文化学者、知名艺术家与青年艺术家的艺术作品。佳作书局·798 旗舰店开业期间，展厅里悬挂着中央美术学院教授尹吉男、诗人西川和考古学家徐天进三人的创作作品，顾客在翻阅书籍之余，亦可进入展厅欣赏书法和水墨小品。二楼的活动区域是为了举办讲座和图书发布会而设，这些沙龙活动将成为作者与读者直接对话交流的平台。

2019 年 6 月，启动的佳作放映计划聚集了众多热爱艺术与电影的朋友，他们共同观看多部法国新浪潮时期的电影，并分享自己的心得体会。除此之外，在书店一楼最深处的一个小房间里，摆放着中国现当代各画廊、美术馆、艺术中心等机构及艺术家的出版物和研究资料，这是佳作书局旗舰店开业以来启动的另一个项目——"佳作艺术资料馆"计划，它的目的是建立一个以艺术文献为主要内容的非营利性文化机构，以促进当代艺术文化的档案建设与学术研究。

从花家地央美店到798旗舰店，佳作书局由一个单纯的书店，慢慢蜕变成一个囊括展览、放映、沙龙等内容的综合立体机构。在未来，它将为读者提供相关艺术研究成果的汇集、出版、展览和传播等多方位文化服务，并成为范围广泛、具有专业性的艺术交流平台。

PARAGON
佳作書局
BOOK
GALLERY

🕐 开业时间：1942 年

🛆 央 美 店：北京市朝阳区花家地北里 14 号国际画材中心一楼
（中央美术学院北门正对面）

🛆 798 旗舰店：北京市朝阳区酒仙桥路 798 艺术区 E06

👤 公 众 号：佳作书局

💬 微 信 号：paragonbook

💡 书店格言：佳作书局致力于中外艺术史图书的引介、翻译以及出版

实体书店又一次站在了风陵渡口

曾　锋　凤凰传媒苏州凤凰投资管理有限公司执行董事　总经理

　　此刻，我坐在在南京新街口的一家咖啡店内，窗外就是南京城市的中轴线。因为新冠疫情的影响，店内总共只有四名消费者，店员戴着口罩在做咖啡。我想很多年后，我一定还会记得这个春节发生的点点滴滴。

　　2020 年 1 月 9 日至 11 日，出版发行业一年一度的北京图书订货会召开，这厢讨论书店的未来，那厢热议书店重做，行业新老朋友们相逢北京，畅聊行业未来。

　　没想到，20 天后，因为新冠疫情重大公共卫生事件的突发，越来越多城市的实体书店加入到了临时停业闭店的行列。因为实体书店和博物馆、图书馆等一样，作为人员密集场所需要进行关闭。全国性、大范围的实体书店临时闭店，虽然谈不上如同壮士断腕般的悲壮，但是对于需要消费者支撑的实体书店，2020 年的开端还是变得有些艰难了。

　　身为书店人，身为行业的观察者，在这样的环境中，我有如下几点思考。

一、 实体书店的图书基础正在遭受冲击

关于新冠疫情防护的图书电子版免费发布传播，这是一个公益项目，但也是一个信号。反应最快的是广东科技出版社，1月23日下午《新型冠状病毒感染防护》图书首发，但就在图书外送的时候，遇上了很多省份书店临时闭店。很快，这本书的电子阅读版发布，供大家免费阅读并传播。湖北科学技术出版社的《新型冠状病毒肺炎预防手册》随后也发布了免费的电子版。书店同行们提供了更多信息，包括安潇的《写给孩子的冠状病毒绘本》电子版，成都市卫生健康委员会制作的《新冠肺炎防治知识问答》，等等。感谢这些机构的善行，能够以免费的方式让更多的人了解到有关注意事项，薄薄的小册子重如泰山。

重大事件突发之时，纸质图书这样的内容载体还是有些跟不上信息更新的速度。朋友圈里传播最多的是钟南山院士的图文，一张图片配上几句要求，浅显易懂，传播更易。我也翻了一下上述出版社的出版物，内容虽然翔实，但是有多少人能在手机上认认真真地看完这么多图文呢？这是个遗憾，有时一堆文字确实抵不上几张图片更有效。即使在图文时代，图片也还是最醒目、最有效的。

2003年非典期间，各地出版机构也出版了很多预防或防治非典的小册子，广受欢迎，风靡一时。时间过去了17年，现在是手机终端时代，信息传播的途径改变了，内容输出的方式也改变

了，我们也应该随之做些改变。

与此同时，我们也终于认识到图书并不是生活必需品。在重大公共卫生事件发生之时，我们突然发现，电影院可以不去、实体书店可以不逛，因为这些并不是生活的必需部分。即使要看要买，也有替代的渠道。在疫情结束之后，出现报复性消费反弹时，我估计大家的消费顺序肯定也不是将图书摆在前位的，而且在文化消费中，电影的优先级比图书更高。

2020年1月26日下午，我和北京开卷副总经理杨伟聊了几句，因为《囧妈》电影发行方式的改变，我琢磨着未来如果更多出版物在线上首发纸质版和电子版，实体书店该怎么办？杨伟说：新书的纸、电、声同步，在有的出版社已经实现了，当然目前纸版还是主体。内容产品的电子化机会可能因为某些特殊事件改变了，只不过需要考虑的是载体落在哪里。

回看从前，淘宝网诞生于2003年5月10日，而京东于2004年1月正式进军电子商务，非典成为电商平台发展的裂变剂和催化剂。当人们无法出门购物时，能够在家里上网购物，意味着一个新的消费时代的到来。

2010年，模仿Groupon的美团诞生，彼时主要的业务是团购，而目前在城市的人群，没用过美团外卖的人已经不多了。电商、外卖、新零售，已经成为相当于城市人群的主要消费通道组合。

17年过去了，实体书店陪伴电商长大，中间还经历了一次"书业寒冬"，这几年实体书店的探索和尝试会不会有效果？我们即将知晓答案。

二、实体书店的挑战与紧急应对

2020 年的春天，大家最关心一个话题：新学期开学的图书零售怎么办？这是最现实和最亟待解决的问题。相当多的书店为 2020 年的寒假、春节以及新学期准备了充足的货源，但一纸通知，这些备货只有等待。可以想象一下，实体书店恢复营业，过去那种开学前后家长及学生蜂拥进书店选购图书和文具的场景也不会出现，至少在 2020 年不会出现了。不管消费者愿不愿意，疫情防控的需要也不会允许实体书店的这种操作。

部分书店的应对举措是通过网络卖书，因为有些书店是有网络销售平台的；有些书店计划通过微信公众号卖书，通过快递配送或者是到某处自取；有些书店计划仍然在店堂内销售；还有些书店开设直播推荐图书。各种方法已经在想，有些正在实施，但这些都是应对之策，主要用于解决当前的问题。我们有没有意识到，很多书店的应对之策都是基于互联网的手段来实现的，当这些举措取得效果之后，是沿着这条路继续走下去，还是重新回到原来的轨道上？

借助互联网的力量，中小型实体书店能够立即达成的目的，是暂时的，也是有限的。实体书店存在的一个重要价值是将消费者与图书用书店这个实体平台进行联接，但当实体书店也需要通过互联网平台去联接时，消费者会怎么看待实体书店呢？类似教材教辅的刚需产品还是有需求的，但针对一般出版物，实体书店的推介就显得力不从心。而且，从销售总量上看，根本无法替代店面销售。也许，这将成为很多书店需要认真思考的问题。

实体书店暂时关闭了，但网络书店还是可以照常营业的，只要快递不停，配送不会受太多影响。从这一点也可以看出实体书店的困境和危机有多大。很多实体书店为 2020 年的春节所做的各种准备，因为突发公共卫生事件所中止。确实，茑屋书店创始人增田宗昭先生说得不错，只有同时拥有实体和网络店面的企业才有未来。在这个时刻，真切验证了。

我们可以设想一下，实体书店站在这样的历史关口应该思考些什么？2019 年年底，我在北京开卷发表的文章《未来书店的六条长成路径》。目前来看，不是未来可以干什么，而是现在应该干什么？因为现在是实体书店需要进行判断和决定的时刻。

实体书店卖书、卖水、卖文创，实体书店经营空间、经营会员、经营外部客户，实体书店搞活动、办展览，等等，大家能做的目前大致就是这些。书萌创始人孙谦认为，实体书店应该找准定位、找准发力点、线下业务做减法、线上业务做加法，做房东，也要做好内容的生产者。这算是一些观察点，但书店需要考虑面临的城市和环境不同，书店人的能力、素养、资源也是不一样的。我认为，实体书店行业没有通用的处方药，大家也不要将自己书店的未来寄希望于从同行中获取，可能有一些参考价值，但还是得根据每家书店的实际情况对症下药。

三、实体书店的多元化需要重新定义

图书是书店的主业，但在突如其来的临时闭店停业的时刻，确实让很多书店遇到了难题，因为没有了收入来源。书店的多元化是个老话题，但也是一个有意思的话题，有意思之处就在于从哪个角度去理解"多元化"。

曾经，我们对书店的多元是把图书以外的其他经营性业务称之为多元，书店的多元化也就是指除了提供图书以外，还提供其他经营内容，比如文具文创、咖啡水吧轻餐、出租或联营的商业业态等。

对于实体书店多元化的定义，不是简单地理解为经营业态的多元化，而是应该定义为收入来源的多元化，以此为出发点去考虑实体书店的经营工作。收入来源的多元化意味着实体书店抗风险能力的增强，而收入的来源也决定着书店自身资源分配及投入的方向。书店自身的资源包括场地、个人专长以及可以组织到的社会性资源。

这让我想起了很多书店的多元化之路——

最开始的定义是相关多元化。因为很多书店的目标群体是学生，因此有了文具，进而有了文创，文具可以理解，常用且必需，书店做还是有优势的，但文创是常用和必需吗？然后围绕学生搞培训，培训恰恰又是低租金承受能力的业态，接着是研学，书店加入与旅行社的竞争之中。很多书店把文具和文创当图书产品进行采购，设置架构，这是属于完全不同的商品类型，这种做法真的合适吗？

因为说书香与咖啡香是相得益彰的，所以很多书店做了咖啡吧或水吧，不管是否专业，反正有了，而且价格和星巴克相比也便宜不了多少。管控严格的，咖啡水吧就是营业场地，管控不严格的，就是阅读场地。到目前为止，还没看到哪个书店说咖啡水吧是高收入业态，高毛利是可能的，但高收入肯定还没有实现，那么这又是为什么呢？猫的天空之城的老总徐涛曾经告诉我一个观点，他感觉"零售的效率还是远远高于其他业态，即使在实体书店也是如此"，我当时不太理解，现在终于明白了，数据之下，任何想象的理论及观点都很苍白。

因为说书店需要搞阅读推广活动，所以很多书店设置了活动区，占用了不少面积。一年即使100场活动，3天多才轮到一场，更不用说很多活动是在周末和节假日集中举办的，于是这些场地平时就空着，有时能租出去、有时租不出去。对于消费者而言，可能是个搞活动或阅读的地方，但对需要缴纳租金的实体书店们而言，意味着金钱。不是所有实体书店都需要专门的活动场地，我还是这么坚持认为。

因为说书店很美，所以转型升级的时候，美是必须的要求，很多书店在店面设计装修上进行了巨大投入，生怕自己不美，但很多书店没有想到，这个美由谁来评价，书店自己还是消费者，抑或媒体和行业机构？有多少消费者会在一个空间内拍两次照片并且发朋友圈呢？当然摄影师除外。

回顾实体书店多元化的历程，也是转型升级的历程。细细品味，我们走过的路对吗？正在走的路对吗？突发情况之下，状况百出，是不是到了应该认真思考及反思的时候？

　　实体书店，实体是根本，场地是基础，顾客是上帝，经营内容就看各家书店老板或经理的本事。全国的餐厅千万家，不可能都是一个路数，连锁餐厅除外。努力实现收入来源的多元化，提前做好哪天书卖不动的准备。到时，不管是经营场地、经营顾客，还是经营自己都可以，这其中应该蕴含无数的想象空间。

番外篇
爱书店，我们一直在行动

邓 倩
书萌合伙人

2013 年，雅倩第一本书《中国独立书店漫游指南》出版时，我还只是一个书店爱好者。机缘巧合，后来我也进入到书店工作，成为一名真正的书店人。后来又因为爱书店，成为书萌的联合创始人，因而与雅倩结识。

我喜欢逛独立书店。每个城市的书店，或多或少都在传递着这个城市的文化特色。正如绿茶老师所说的"书店是一座城市的文化底色"。由于主理人的兴趣爱好、运营特色、选品能力、资源渠道等不同，每家独立书店都风格迥异，独树一帜，这也正是独立书店的魅力所在。

一直以来，因为喜欢书店而想在书店工作的人不少；因为情怀而开书店的也不少，似乎大家很容易脑子一热就一股脑儿扎进来。其实，开书店难，守书店更难。书店经营的背后，走得并不容易。因此，才有了《书见》的第一季和第二季，同时也期待第三季，我们在一笔一画地记录着这个时代的书店和书店人。

2019 年 4 月，雅倩主编的《书见：30 位独立书店者说》上市，书萌联合金城出版社和中国图书网，首次尝试全国独家首发。这次首发尝试，我们只发线下的实体书店。为了配合首发活动，金城出版社为书萌定制 1500 本实体书店版《书见》，而书萌为参与首发的 60 个书店品牌共计 108 家书店争取到两个月的线下首发期。

同时，在首发期内，书萌的创始人孙谦和雅倩一起赴宁波枫林晚、杭州纯真年代、西安万邦书店、武汉境自在书店、南昌青苑书店等实体书店举办线下活动，并发出近 50 篇微信公众号推文，累计阅读量达 2 万余次。

首发活动结束，《书见》在书萌渠道内的发行，实际比预期包销多发行了近 1000 册。这让我们看到了书店联合的力量。独立书店虽小，但团结起来的力量不容忽视！

《书见：30 位独立书店者说》首发结束之后，我继续投入到书萌其他工作中：

2019 年 5 月，发起书店行第二季的活动；

2019 年 7 月初，与未读一起开启"Gap Month 最美书店行"活动；

2019 年 7 月末，与知合空间一起策划发起西安标杆书店考察团活动；

2019 年 8 月，与小众书坊联合发行的书店日历《书虫的天堂：2020 书店日历》；

2019 年 11 月，参加图书市集，和书店、文创、出版品牌的同仁交流，加强与书店的合作；

2020 年 1 月，在一年一度的北京书展，书萌组织书店同仁"北京书店游"。

2020 年春节疫情暴发后，面对突如其来的闭门停业，书萌发起全国范围内疫情之下的书店调查，并在不同的平台和渠道，为书店发声；同时与素有"活动印刷机"之称的码字人书店联合发起"星夜联航"系列文艺活动线上共享项目，面向全国的书店开放分享，以微信群矩阵直播的方式……

未来，希望能够激发更多创新，实现优质内容的持续产出和资源共享。

2020 年，《书见》第二季即将付梓，我的合伙人、书萌的创始人孙谦也从参与《书见》第一季的发行而更进一步，成为《书见》第二季的副主编，我很荣幸见证了这一切。

希望越来越多的人加入为独立书店加油呐喊的阵营中来，爱书店，从来都不是一个人的事情；爱书店，是许许多多的人的共同事情，只有这个社会爱书店的人越来越多，书店才能越开越好。

2020 年的春天，虽然缺少了书店的参与，但在社会和政府的帮助下，书店们挺过了最艰难的时刻，晚春也是春，盛夏更迷人。愿在《书见》第二季与大家见面的日子里，我们能再次真真正正地相聚于书店，共同见证一个新时代的到来。

一间房子，一杯咖啡，一本书，一群朋友，一种温暖

十点书店 SHIDIAN READING

24h 古西楼书屋 BOOKTORE

城市之光書店

刀｜鋒
書酒館
Books | Drinks | Foods | Lives

DOLPHIN ADE BOOKS
海豚阿德书店

换酒 换酒书店 wine bookstore

拾得書屋

PARAGON
佳作書局
BOOK
GALLERY

zhijian

止 间

離河書店
LiHe
Bookstore

龍媒書店
LONGMEI BOOKSTORE

LEKAIBOOKS
乐开书店

器日書坊
我只是一間小書店

阡陌書店
[Book&Cafe]

藍月亮書店
BLUE MOON BOOK

書門書屋